빅터 프랭클의
심리의 발견

Psychotherapie für den Alltag
By Viktor E. Frankl
ⓒ Viktor E. Frankl published by arrangement with the Estate of Viktor E. Frankl
All rights are reserved.
www.viktorfrankl.org에서 빅터 프랭클의 저작목록을 확인하실 수 있습니다.

빅터 프랭클의
심리의 발견

빅터 프랭클 지음 / 강윤영 옮김 / 이시형 감수

보급판 1쇄 인쇄·2017. 12. 5.
보급판 1쇄 발행·2017. 12. 15.

발행처·청아출판사
발행인·이상용 이성훈
등록번호·제 9-84호
등록일자·1979. 11. 13.
경기도 파주시 회동길 363-15
대표 031-955-6031 팩시밀리 031-955-6036

Copyright ⓒ 2008 by 청아출판사
서면에 의한 저자와 출판사의 허락 없이
내용의 일부를 인용하거나 발췌하는 것을 금합니다.

ISBN 978-89-368-1117-4 04180
ISBN 978-89-368-1112-9 04180 (세트)

: 값은 뒤표지에 있습니다.
: 잘못된 책은 바꾸어 드립니다.

:E-mail : chungabook@naver.com

빅터 프랭클의
심리의 발견

청아출판사

능동적인 삶의 주체가 되기를

　이 책은 심리 치유서인 동시에 정신의학과 관련된 문제들을 철학적인 관점에서 고찰해보고, 사색, 만남, 경험, 깨달음을 통한 자아 창조 및 자기 주도 심리치료법을 소개한 책이다. 의학에 기초한 심리학적 이론에서 뿐만 아니라 복잡 미묘한 인간의 심리를 철학적인 관점에서 생각해보는 뜻 깊은 시간이 될 것이다.

　빅터 프랭클은 '심리'라는 형이상학적인 실체를 설명하기 위해 심리학, 정신분석학, 신경학 등 의학적 이론을 도입하며, 저자가 직접 치료한 사람들의 사례를 통해 생생하게 들려준다. 그리고 불안증, 불면증, 건강염려증, 히스테리, 강박증, 조울증 등 소위 현대인 병이라고 하는 여러 신경증적 증상들을 어떻게 받아들이고 극복해야 할지 알아본다.

　심리적 충격이나 스트레스로 인한 의욕 감퇴와 우울함은 누구나 한번쯤 겪는 가벼운 신경증이다. 그런데 심리와 관련된 신경증적인 여러 증상을 특정 이론화하여 사람들을 오히려 불안에 떨게 하는 부정적인 효과를 낳게 했다. 마치 무시무시하고 심각한 질병의 증상이나 전조로 여기고, 빈약한 의학적 이론을 대중화하여 사람들을 심리치료에 매달리게 하고 있다. 우리는 충분히 스스로를 창조적 인간으로 만들어 갈 수 있는 힘이 있다. 위험한 반쪽짜리 지식에 현혹되어서는 안 된다.

또한 현대사회는 개인의 천성은 바꿀 수가 없다는 식으로 단정 짓는다. 성격을 구실로 핑계를 대기 시작하면 문제를 해결하기는 더욱 더 힘들어진다. 자기 성격이 운명적으로 타고 났다고 믿는 사람이 어떻게 운명을 이겨낼 수 있을까. 운명을 피하지 않고 맞서 싸운다는 강한 정신력을 키우는 것이 중요하다.

하지만 자신이 만든 자신에 대한 편견에 자신을 가두고 그 둘레에서 벗어나지 못해 괴로워하는 안타까운 실수를 하는 사람들이 의외로 많다. 이런 사람들은 공통적으로 본인의 성격, 어릴 적 겪었던 심리적 충격을 극복하지 못하는 소극적인 태도를 보인다. 능동적인 삶을 방해하는 숙명론적인 사고방식과 주체성이 결여된 삶의 태도는 경계 없이 한 울타리에 자리하고 있다. 둘 다 자신들을 둘러싸고 있는 굴레에서 벗어나지 못하고 맴돌기만 하는 것이다.

프랑스 시인 폴 발레리의 시구에도 나와 있듯이, 생각하는 대로 살지 않으면 사는 대로 생각하게 된다. 자신이 진정 원하는 것이 무엇이고, 어떻게 살아야 할지 고민하지 않으면 자신의 삶이 어디로 흘러가는지도 모르게 된다. 그런 삶을 살아서는 안 될 것이다.

우리는 '자신'을 관찰하고 연구하는 자세를 가져야 한다. 정작 무엇을 원하는지 생각하기 귀찮아하고 자신에게 소홀한 대신, 스스로와 대화하고 화해하는 방식을 습득할 필요가 있다. 내머릿속에 목표를 세우고, 스스로의 삶에 미래지향적인 로드맵을 제시해야 한다. 내 삶의 비전을 탐구하고 계획을 세워나갈 때 건강하고 행복한 생활을 누릴 수 있다. 바다가 얼마나 아름다운지 생각하다 보면 스스로 배를 만들게 된다.

이 책에서 빅터 프랭클은 자신을 발견하고, 자신을 돌아보는 시간을 마련해준다. 트라우마, 콤플렉스, 불안증에 대한 불안증, 강박증, 우울증, 염려증, 히스테리 등이 이끄는 대로 가지 않고, 이 책을 통해 스스로의 길을 갈 수 있기를 간절히 바란다.

이시형

삶의 의미를 찾는 사람들에게

이 책은 지난 20년간의 방송 강연을 정리하여 보충한 것이다. 강연들은 청취자들에게 매우 큰 호응을 얻었다. 그중 대부분은 얼마 전 재방송되었고, 그 반향 역시 매우 컸다.

이 책에는 강연 내용을 직접 말하는 말투 그대로 수록하였다. 그 이유는 정신의학과 심리치료의 기본 문제들을 특정한 학파에 귀속하지 않은 채로 누구나 이해할 수 있게 전하기 위해서이다. 그에 따를 수 있는 부작용은 저자 스스로 비판적으로 의식하고 있다. 또한 '마이크를 통해 심리치료를 한다'는 독자적인 시도의 의미도 있다.

방송에 이어 이 책에서 다시 한 번 접하게 되는 내용들은 실용적인 정신위생 기능을 수행할 것이다. 가벼운 문체와 풍부한 일화들로 인해 몇몇 비평가들로부터 깊이가 없다는 비난을 받을 것도 감수해가며 이 책의 출간을 수락해준 빅터 프랭클에게 고마운 마음을 전한다. 나는 빅터 프랭클이 잘못된 대중화 시도로 독자들에게 오해를 불러일으키는 일 없이 까다로운 전문적 내용들을 알기 쉽게 풀어냈다고 생각한다.

특히 이 책의 중심축을 이루는 것은 의심의 여지없이 집단신경증에 대항하는 심리치료를 행하는 강연들이다. 글로 옮겨진 강연 내용들 역시 본래 방송되었을 때와 마찬가지의 효력을 발휘할 것이다. 환자와 직접 얼굴을 맞대는 긴밀한 관계를 벗어나서 대중 매체를 통해 사람들이 신경증의 굴레를 벗게 하는 방식은 안타깝게도 한계가 있음을 저자 자신보다 더 잘 아는 사람은 없다. 그럼에도 저자로 하여금 이 시도를 하도록 격려해준 것은 무수한 환자들의 고백이었다. 잃어버린, 혹은 애초부터 갖지 못했던 삶의 의미를 찾으려 애쓰던 그들은 강연의 어떤 부분에서 도움을 얻어 자신들을 마비시키던 누제닉 신경증에서 벗어났고, 심지어 몇몇은 자살할 뻔했던 위기를 극복해냈다.

첫 강연의 제목은 〈의미를 찾고 있는 사람들〉이다. 그들은 자신들이 아무에게도 이해받지 못하는 고독한 처지가 아님을 알게 될 것이다. 그리고 심리치유의 한 과정인 정신위생이 곤경에 처한 사람들을 돕기 위해 무엇을 할 수 있을까에 대한 단순히 이론적인 고찰만이 아님을 깨달을 것이다.

한스 외르크 바이트브레히트

대중을 위한 심리치유

1951년부터 1955년까지 나는 빈의 로트 바이스 로트 라디오 방송국의 학술부에서 초대받아 매달 심리치료를 주제로 강연을 하였다. 처음 일곱 회의 방송 강연이 책으로 나온 후 나는 그 다음에 있을 강연들에서도 일부를 선정해 출판하기로 했다. 먼저 책이 되어 나온 강연들은 넣지 않는 대신 내용을 더 확장하고 주석으로 보충한다는 계획이었다.

이와 같은 결심을 하게 된 계기는 강연에 쏟아진 열화와 같은 반응들, 그리고 애청자들이 보내준 많은 편지들이다. 그분들에게 강연 내용을 책으로도 읽을 수 있게 해드리는 것이 도리라고 생각했다. 아울러 이 방식을 통해 강연의 효과가 더욱 넓게 퍼져 나가기를 바란다.

내가 의도하는 효과란 정신위생적인 효과다. 따라서 나의 의도는 심리치료에 대해 말을 하자는 것이 아니라, 방송을 통해 마이크 앞에서 대규모로 심리치료를 행하자는 것이다. 집단신경증을 치료하는 데는 집단 치료 방식이 어울린다.

개개의 강연들은 모두 그 자체로 완결된다. 그러다 보니 내용들이 겹치고 되풀이되는 것은 피할 수가 없었다. 내용이 되풀이되는 것은 교육적 효과가 있기 때문에 꼭 나쁜 일만은 아니다. 강연들은 방송 원고의 말투를 그대로 살려 수록하였다. 어쩔 수 없이 어떤 사람들에게는 문체가 지나치게 가볍게 느껴지기도 할 것이다. 하지만 말과 글은 다른 법이고, 따라서 만인을 대상으로 한 방송 강연은 학술 논문과는 달라야만 한다.

빅터 프랭클

| 차례 |

게르트루트 파우크너에게 바친다

의미를 찾고 있는 사람들

이 강연의 제목은 단지 강연 주제만을 나타내지 않습니다. 이 제목은 인간이라는 개념에 대한 정의, 아니면 적어도 해석을 시도하고 있습니다. 인간은 본질적으로 의미를 찾는 존재라고요.

인간은 항상 자기 외의 다른 무언가를 향해 헌신합니다. 그 대상은 어떤 목표를 이루고자 하는 의미일 수도 있고, 내가 만난 다른 누군가일 때도 있습니다. 인간으로서 존재한다는 것은 언제나 '스스로를 넘어서서 다른 대상에게 향한다'는 뜻이고, 이 자기투명성이 인간 존재의 핵심입니다.

그렇다면 인간은 오직 행복해지기 위해서만 애쓰는 존재가 아니라는 말인가요? 칸트 역시 인간은 행복을 추구하는 존재임을 인정하고, 다만 거기 덧붙여 인간은 행복해질 자격 또한 얻기 위해 애쓴다고 말하지 않았던가요? 저는 인간이 진정으로 원하는 것은 행복해지는 것이 아니라 행복해질 수 있는 이유라고 말하겠습니다. 행복해질 이유가 있으면 행복과 쾌락은 저절로 찾아옵니다. 칸트는 저서 《인륜의 형이상학》의 두 번째 장 〈덕망의 가르침에 대한 첫 형이상학적 이유들〉[1]에서 말했습니다.

"의무를 성실히 수행하면 행복은 결과로 따라온다. 쾌락을 느끼기 위해서는 먼저 법을 준수해야 한다."

제가 보기에 칸트가 의무 수행이나 법에 관해 했던 말들은 더 일반화해서 도덕이 아닌 감각의 영역으로까지 확장 가능합니다. 그리고 감각적 영역에 관해서는 저희 신경의학자들도 말할 거리가 있지요. 저희는 정신병동에서 '행복해질 이유'를 갖지 못한 성적 신경증 환자들, 정력에 문제가 생긴 남자들이나 불감증인 여성들이 행복해지지 못하는 것을 일상적으로 보았습니다. 어쩌다가 행복해질 이유를 잃고 병에 걸리는 일이 생기는 걸까요?

행복과 쾌락 자체에 지나치게 집착을 하다 그렇게 됩니다. 키르케고르[2]가 언젠가 "행복을 향한 문은 밖으로 열린다."고 한 말이 맞습니다. 하지만 '그 문을 열고 들어가려는 자'는 스스로를 가두는 결과밖에 얻지 못합니다.

---

1) 《인륜의 형이상학》, 쾨니히스베르크, 프리드리히 니콜로비우스 편찬, 1797, 8쪽~
2) 덴마크의 철학자. 그는 대중의 비자주성과 위선적 신앙을 엄하게 비판하였다. 다른 한편에서는 절망의 구렁텅이에서 단독자(單獨者)로서의 신(神)을 탐구하는 종교적 실존의 존재방식을 《죽음에 이르는 병》 등의 저작을 통해 추구하였다.

자, 인간 존재를 핵심적으로 관통하는 것은 권력 의지도 아니고 쾌락 의지도 아니고 바로 의미 의지입니다. 이 의지로 인해 인간들은 의미를 찾고 채우려 할 뿐만 아니라 다른 사람과 관계를 맺고 사랑을 나눕니다. 의미를 채우는 것과 만남을 가지는 것, 이 두 가지는 인간들에게 행복과 쾌락을 느끼게 하는 이유가 됩니다.

그런데 신경증 환자들은 의미를 채우고 다른 이와 관계 맺는 데 노력을 기울이는 대신, 행복과 쾌락을 얻고자 무척 애씁니다. 본래대로라면 쾌락이란 의미를 채우고 다른 이와 성공적으로 관계를 맺었을 때 부수적으로 얻을 수 있는 효과입니다.

하지만 신경증 환자들은 쾌락을 부수적 효과가 아닌 목적으로 삼고 과도하게 집착합니다. 그러다 보면 지나치게 신경을 쓰게 되지요. 모든 주의가 쾌락 자체로 쏠리는 것입니다. 하지만 이런 신경증에 걸린 사람들이 쾌락에 집착하면 할수록 쾌락을 느낄 이유 자체는 점점 관심에서 멀어지고 맙니다. 그래서 부수적 효과인 쾌락도 사라져버리지요. 쾌락에 열을 올리면 올릴수록 쾌락의 기쁨을 놓치게 되는 것입니다. 과도한 집착이 정력과 오르가슴에 미치는 해악은 쾌락 의지를 좌절당한 인간이 그나마 애를 써본다고 섹스 테크닉 습득으로 도피할 때 더 커집니다.

완벽한 부부 생활을 이루겠다고 파트너보다는 섹스 테크닉에 더 신경을 쓰다가 사랑의 행복을 이루는 진짜 근간인 부부간의 교류가 날아가 버립니다. 강박적으로 성적 소비를 추구하는 오

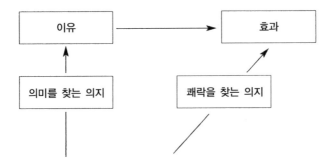

늘날의 분위기에서는 특히 젊은 세대들이 과도한 집착에 빠집니다. 우리 병동들의 성적 신경증 환자비율이 나날이 늘어날 것이라 예측하는 것도 무리가 아닙니다.

오늘날 사람들은 과도하게 스스로에게 집착합니다. 조지아 대학의 이디스 조엘슨 교수는 미국 대학생들의 가치 체계에서 '스스로에 대한 이해'와 '자기 실현'이 특히 높은 비중을 차지하고 있음을 통계적으로 증명했습니다. 이 자기 이해라는 것이 분석 역동심리학을 맹목적으로 추종한 결과임은 명백합니다. 좀 배웠다 하는 미국인이라면 의식적 행동 뒤에 숨은 무의식적 동기를 캐내려고 애쓰는 게 상식이 되었습니다. 하지만 진짜 자기 실현은 의미를 채움으로써 가능하다고 저는 감히 주장합니다. 핀다로스는 인간은 모름지기 자기 자신이 되어야 한다고 정언적으로 말했는데, 여기에는 "한 인간을 이루는 것은 그가 헌신하는 대상이다."라고 한 칼 야스퍼스[3]의 보충이 필요합니다.

목표물을 맞추지 못한 부메랑만이 던진 사람에게로 되돌아옵니다. 마찬가지로 의미를 채우는 데 실패하거나 아예 채울만한 의미를 찾는 데 실패한 사람만이 자기 실현에 집착하게 됩니다.

쾌락 의지와 권력 의지의 상황은 비슷합니다. 쾌락이 의미를 채웠을 때의 부수적인 효과라면, 권력은 의미를 채우기 위한 수단입니다.

의미를 채우는 일도 사회적, 경제적 조건의 영향을 받으니까요. 그런데 사람들이 의미 의지의 부수적 효과인 '쾌락'과 수단에 불과한 '권력'에 집착하게 되는 것은 언제일까요? 쾌락 의지나 권력 의지가 형성되는 것은 의미 의지가 좌절되고 난 후입니다. 다른 말로 하자면 쾌락 원칙과 인정받고자 하는 노력은 신경증에 걸린 사람들만의 행동 동기입니다.

프로이트[4]와 아들러[5]는 신경증 환자들을 치료하던 과정에서 그들의 이론을 만들었기 때문에 인간들의 근원적인 욕구인 의미를 찾는 노력은 알아보지 못했습니다.

하지만 오늘날의 사람들은 프로이트의 시대와는 달리 성적 좌절에 시달리는 것이 아닙니다. 지금 이 시대를 짓누르는 것은

---

3) 독일의 철학자. 그의 최대의 저서인 《철학》(3권)을 펴내 '실존철학'을 체계적으로 전개하였다. 서구사회가 제기하는 기계문명, 대중사회적 사회, 정치상황, 특히 제1차 세계대전 후의 가치전환적인 사상적 위기에 대한 깊은 성찰이 기조를 이루었다.
4) 오스트리아의 신경과 의사로 정신분석의 창시자. 히스테리 환자를 관찰하고 최면술을 행하며, 인간의 마음에는 무의식이 존재한다고 하였다. 꿈·착각·해학과 같은 정상심리에도 연구를 확대하여 심층심리학을 확립하였고, 소아성욕론(小兒性慾論)을 수립하였다.
5) 오스트리아의 정신의학자. '개인심리학'을 수립하였으며, 인간의 행동과 발달을 결정하는 것은 인간존재에 보편적인 열등감·무력감과 이를 보상 또는 극복하려는 권력에의 의지, 즉 우월의 요구라고 하였다.

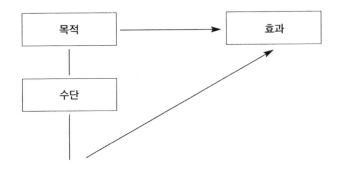

존재적 좌절입니다. 특히 젊은 세대는 의미를 찾고자 하는 의지의 좌절로 괴로워합니다. "프로이트와 아들러는 오늘날의 젊은 세대에게 무슨 말을 해줄 것인가?"라고 조지아 대학의 학생신문 편집장인 베키 리어는 묻습니다. 그리고 이렇게 말합니다.

"우리는 피임약을 소유하고 있어서 성적 욕구 충족의 결과물을 신경 쓸 필요가 없다. 성적 욕구를 눌러야 할 의학적 이유는 사라졌다. 그리고 우리는 권력 또한 가지고 있다. 젊은 세대들 앞에서 벌벌 떠는 미국 정치인들이나 아니면 중국의 홍위병들을 보라. 하지만 빅터 프랭클은 오늘날의 사람들이 존재적 진공 속에 살고 있고 이 허무는 특히 권태로 표현된다고 말한다. 권태라…… 뭔가 다르게 들리지 않나? 섹스나 권력보다 이쪽이 더 익숙하게 들리지 않나? 손만 뻗으면 모든 것을, 프로이트의 섹스나 아들러의 권력까지도 가질 수 있는데도 지루함에 몸부림치는 사람들을 우리는 주위에서 이미 익히 보지 않았는가?"

실제로 제가 '존재적 진공'이라 부르는 '내적 공허감' 때문에 존재의 의미를 찾을 수 없는 막막함 때문에 병원을 찾는 환자들이 나날이 늘고 있습니다. 그리고 이 현상이 서방 세계에만 한정되었다고 믿는다면 잘못 짚은 겁니다.

체코슬로바키아의 정신의학자인 스타니슬라브 크라토크빌과 오스발드 비메탈은 여러 출판물들을 통해 "삶의 의미 상실이라는 질병은 오늘날 입국 허가도 없이 자본주의와 공산주의 진영의 경계를 넘나들며 젊은이들을 휩쓸고 있다."고 똑똑히 강조했습니다. 오스발드 비메탈은 체코슬로바키아에서 있었던 신경의회의 현장에서 파블로프를 열렬히 찬양하면서도 존재적 진공을 파블로프 식 심리치유로는 더 이상 다룰 수 없음을 밝혔습니다.

L. 클리츠케[6]와 조셉 L. 필브릭[7] 덕택에 우리는 마찬가지 현상이 개발도상국들에서도 관찰됨을 알 수 있습니다.

파울 폴락은 이미 1947년 개인심리학 협회의 강연에서 예언했습니다.

"사회적 문제가 해결되면 도리어 사람들의 정신적 문제가 비로소 기승을 떨칠 것이다. 드디어 자유로워진 인간은 이제 스스로에게 화살을 돌려 자기 내면의 문제들, 스스로의 존재적 문제들을 그제서야 정말로 깨닫게 된다."

에른스트 블로흐도 같은 선상에서 말했습니다.

---

6) 〈Student in Emerging Africa - Logo therapy in Tanzania〉, 《American Journal of Humanistic Psychology》 9, 105, 1969
7) 《A Cross - Cultural Study of Frankl's Theory of Meaning - in -Life》

"예전에는 죽을 때나 하던 걱정들을 사람들은 이제 아무 때나 하게 된다."

존재적 공허를 발생시키는 원인들은 짤막하게 설명하자면 다음 두 가지에서 비롯됩니다. 본능의 상실과 전통의 상실입니다. 동물과 달리 인간은 본능에 끌려다니지 않습니다. 그리고 오늘날의 사람들은 더 이상 전통을 따르지 않습니다. 아울러 사람들은 종종 자신이 무엇을 원하는지 더 이상 알지 못하곤 합니다. 그렇기에 사람들은 다른 사람들이 원하는 것을 따라 원하든가 아니면 다른 사람들이 따르라고 시키는 것을 합니다. 전자는 서방 세계에 퍼진 체제 순응주의고, 후자는 동구권을 덮은 전체주의입니다.

체제 순응주의와 전체주의뿐 아니라 신경증적 성향 또한 존재적 공허에서 기인한 것입니다. 정신질환적 신경증, 즉 좁은 본래적 의미의 신경증 말고 제가 누제닉 신경증이라 부르는 것이 있습니다. 진짜 정신질환이라기보다는 막막한 의미상실감으로 인한 정신적 좌절 상태를 가리키는 표현입니다.

미국의 어느 정신의학 연구센터에서는 누제닉 신경증을 진단할 테스트들을 개발했고, 제임스 C. 크럼보우는 PIL(Purpose In Life test) 테스트로 1천 200명을 조사했습니다. 실험을 통해 얻어낸 데이터를 컴퓨터로 분석한 누제닉 신경증이 진단과 치유 면에서 기존의 정신의학의 범주를 뛰어넘는 신종 질환이라는 사실이 밝혀졌습니다. 코네티컷과 매사추세츠, 런던, 튀빙겐, 뷔르츠부르크, 폴란드와 빈에서 있었던 연구들에서도 누제닉 신경증이 대략 20퍼센트 정도의 비율로 나타난다는 동일한 결과가 나왔습니다.

누제닉 신경증뿐 아니라 전반적인 존재적 진공 현상의 증가에 대해 더 이야기하자면, 제가 예전에 빈 의대 강의 시간에 학생들을 대상으로 했던 설문 조사도 그에 부합합니다. 40퍼센트 이상의 학생들이 살면서 직접 의미 상실감을 겪어봤다고 대답했습니다. 미국 학생들이 설문대상이었을 때는 40퍼센트가 아닌 80퍼센트였습니다.

어쩌다가 존재적 공허에 시달리는 사람들의 비율이 점점 늘게 된 것일까요? 앵글로 색슨 국가들에서 특히 극심한 환원주의 때문입니다. 환원주의자들의 특징은 '~에 불과하다'라는 말버릇입니다. 물론 이 표현은 미국뿐 아니라 우리나라에서도, 그리고 지금 말고 옛날에도 들을 수 있던 익숙한 표현입니다. 아직 50년도 지나지 않은 과거에 제가 다닌 중학교의 자연사 선생님이 교실 안을 왔다갔다 하며 이렇게 단언했습니다.

"삶이란 결국 하나의 연소 과정, 즉 산화 과정에 불과하다."

저는 손도 들지 않고 즉각 일어나서 질문했습니다.

"정말 그렇다면 이 모든 삶의 의미는 뭐란 말입니까?"

환원주의가 산화주의의 탈을 쓰고 나타난 사례였죠.

생각해봅시다. 꿈 많고 야망 큰 젊은 사람 앞에서 냉소적으로 "인간이 추구하는 가치들이란 자기방어 기재와 반응의 구성에 불과하다."는 소리를 한다면 그 젊은이는 뭐라 할 수 있겠습니까. 이것은 〈미국 심리요법 저널American Journal of Psychotherapy〉에 나왔던 말인데, 반응 구성론에 대한 제 반응은 "난 반응 구성이나 자기 방어 기재에 내 삶과 목숨을 바치고 싶진 않아."였습니다.

오해는 피하고 싶습니다. 〈심리요법의 방법과 윤리The Modes and Morals of Psychotherapy〉에서는 인간을 이렇게 정의했습니다.

"인간은 컴퓨터를 작동하는 시스템에 의한 생물학적 메커니즘에 불과하다."

신경의로서 저는 사람의 중앙신경계를 컴퓨터에 비유하는 건 논리에 어긋난 것이 아니라고 봅니다. 이 정의의 오류는 인간을 컴퓨터에 불과하다고 주장하는 데 있습니다. 인간이 컴퓨터랍니다. 그렇게 치자면 괴테나 칸트의 저작들도 쿠르츠-말러나 마를릿의 책들처럼 알파벳 스물여섯 자로 이루어졌죠. 하지만 그게 핵심이던가요. 《순수 이성 비판》이나 《노처녀의 비밀》이나 스물여섯 글자를 되풀이해서 찍어 만든 책이긴 매한가지라고 누가 그럽니까. 혹시 출판사가 아닌 인쇄소 경영자라면 모를까.

환원주의도 그 나름의 차원에서는 일리가 있습니다. 하지만 그 차원에서만입니다. 그리고 환원주의에 빠진 사람은 그 한 가지 차원에서밖에 생각을 못해 다른 곳에서 의미를 찾을 가능성을 빼앗깁니다. 하지만 의미란 그것을 이루는 개개의 요소들을 뛰어넘어 존재하는 법입니다. 의미는 요소들보다 더 높은 차원

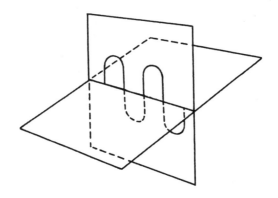

에 존재한다는 뜻이지요. 그러므로 일련의 사건들의 의미는 그 사건이 벌어지는 차원 자체에서는 알아볼 수 없습니다. 거기서는 사건들 사이의 맥락이 보이지 않습니다. 개개의 우연한 돌연변이만을 본다면 진화의 전체적인 역사 또한 우연에 불과해 보입니다. 단면밖에 못 보는 겁니다.

그림에서처럼 한 면 위에 그려진 사인 곡선을 수직의 다른 면으로 자른다면 단면 위에 보이는 것은 점 다섯 개뿐이라 앞뒤의 이어짐은 놓치게 됩니다. 단면 위아래의 사인 곡선 부분들은, 다른 말로 표현하자면 낱낱의 사건들보다 더 넓고 깊은 의미의 맥락은 시야에서 사라집니다.

의미 상실감 이야기로 돌아가자면 의미란 의도적으로 부여할 수 있는 게 아닙니다. 일부러 의미를 부여하는 행위에는 도덕적 해석이 따르고 맙니다. 하지만 전통적인 의미의 도덕은 곧 생명력을 잃을 것입니다. 조만간 우리는 도덕적 관점으로 사물을 보는 대신 도덕을 존재론의 관점에서 판단하게 될 것입니다. 선과 악은 더 이상 행해야 하는 것과 해서는 안 되는 것이라는 기준으로 나뉘지 않습니다. 앞으로 의미를 찾는 인간들의 사명을 북돋워주는 것은 선으로, 의미를 채우는 행위를 방해하는 것은 악으로 여겨질 것입니다.

의미란 의도적으로 부여하는 것이 아니라 찾아내는 겁니다. 로르샤흐 테스트[8]를 할 때는 주관적인 의미 부여가 시험 대상의 특성들을 알아낸다는 효용이 있지요. 하지만 실제 삶에서는 의미 부여가 아닌 의미 발견이 중요합니다. 삶이란 로르샤흐 테스트가 아니라 퍼즐 그림입니다. 그리고 제가 의미를 찾고자 하는 의지라고 부르는 것은 그림에서 형상을 추측하는 차원을 넘어서는 의지입니다.

제임스 C. 크럼보우와 레너드 T. 마홀릭[9], 베르트하이머 역시 같은 선상에서 말했습니다. 그가 어떤 상황에도 깃들어 있는 욕구의 특성이라 말한 것은 바로 이 욕구의 객관적인 측면을 표현하기 위해서입니다.

의미는 의도적으로 만드는 것이 아니라 찾아내는 것입니다. 일부러 만들어낼 수 있는 것은 주관적인 의미, 혹은 그냥 의미가 있는 것 같다는 기분이거나 아니면 말도 되지 않는 뒤죽박죽의

---

8) 좌우 대칭의 불규칙한 잉크 무늬가 어떠한 모양으로 보이는가에 따라 그 사람의 성격이나 정신 상태, 무의식적 욕망 따위를 판단하는 검사법. 로르샤흐가 고안한 일종의 투사법으로 성격 심리학, 문화인류학 등의 분야에 주로 쓰인다.

9) 〈The Case of Frankl's Will to Meaning, Journal of Existential Psychatry〉 4, 42, 1963

의미뿐입니다. 자신의 삶에서 의미를 찾지도 못하는 사람은 의미 상실감에서 도망치기 위해 뒤죽박죽 엉망의 의미나 주관적인 의미를 만들어냅니다. 전자를 부조리극의 무대에서 흔히 볼 수 있다면, 후자는 LSD[10]로 유도된 환각 속에서 겪습니다. 하지만 이런 환각에 빠진 사람은 바깥세상의 진짜 과업과 진정한 의미를 놓치게 됩니다. 여기서 내면의 주관적인 의미는 포함되지 않습니다.

이와 관련해 생각나는 것은 캘리포니아의 연구자가 실험용 동물의 시상하부에 전극을 심었던 실험입니다. 전극에 전류가 흐를 때마다 동물은 성적 쾌감이나 포만감을 느낍니다. 마침내 직접 전류를 흘리는 법을 배운 동물은 현실의 진짜 짝이나 먹이를 외면하고 허상에 몰두합니다.

의미는 찾아야 할 대상이며 또 인간에게는 의미를 찾아낼 힘이 있습니다. 이 과정에서 인간을 인도하는 것은 양심입니다. 요약하자면 양심이란 의미를 담당하는 기관입니다. 양심은 사람으로 하여금 어떤 상황에나 숨어 있기 마련인 유일무이한 의미를 찾아 느끼게 해줍니다.

양심 역시 인간을 잘못 이끌 수 있습니다. 뿐만 아니라 생의

---

10) lysergic acid diethylamide. 1943년 알버트 호프만이 맥각균에서 합성한 물질로서, 무색·무미·무취한 백색 분말이다. 강하고 기묘한 정신적 이상을 일으키고 시각과 촉각 및 청각 등 감각을 왜곡시키는 강력한 물질이다. 환각은 사용한 뒤 30분 후부터 나타나며 10시간까지 지속된다. 환각상태에 빠지면 즐거운 상상으로 기분이 좋아질 수도 있으나 대개는 몸이 조각나는 공포감, 두려움, 불안 등을 느끼게 된다. 남용하면 뇌와 염색체에 손상을 일으키며 눈동자가 풀리고 창백해지며 심박동과 혈압이 빨라지고 수전증이나 오한 등을 일으킨다.

마지막 순간, 마지막 숨을 거두는 그때까지도 인간은 자신이 삶에서 진짜 의미를 찾아내었는지 아니면 단지 그렇다고 기만당한 것인지 확인할 수 없습니다. 그리고 우리가 임종의 순간마저도 우리의 의미 기관인 양심이 사실은 잘못 작동해온 것은 아닌지 확신할 수 없다는 것은 다른 이들의 양심이 옳았을 수도 있음을 뜻합니다. 하지만 관용은 이거나 저거나 상관없다는 무성의한 태도와는 다릅니다. 다른 이들의 신념을 존중한다는 것은 꼭 그들의 신념을 내가 받아들여야 한다는 뜻은 아닙니다.

우리가 사는 지금의 시대에는 점점 의미 상실감이 커지고 있습니다. 이 상황에서 교육은 지식만을 전달할 것이 아니라 사람들의 양심을 키워주어야 합니다. 그리하여 사람들이 생의 어느 상황에나 깃들어 있는 과업을 알아볼 수 있도록 말이죠. 십계명이 효력을 잃어가는 이 시대에는 한 사람이 살면서 맞닥뜨리는 수만 개의 상황에 깃든 수만 개의 계명을 알아볼 수 있는 힘이 필요합니다. 그 힘을 갖춘 사람은 의미로 충만한 삶을 살 뿐더러 체제 순응주의와 전체주의에도 면역을 키우게 됩니다. 이 두 가지는 존재적 진공에서 생기는 결과인데, 양심이 깨어 있는 사람은 이것들에 저항할 수 있는 힘이 생겨서 체제에 순응하지도 않고 전체 속에서 정체성을 잃지도 않습니다.

그 어느 때보다도 교육은 높은 책임을 지고 있습니다. 그리고 책임을 진다는 것은 선택할 수 있는 힘이 있다는 뜻이기도 합니다. 우리가 사는 현대의 풍족한 사회는 대중 매체들의 자극이 넘쳐흐르고, 우리 시대에는 여기저기 피임약이 굴러다닙니다. 이 모든 자극의 홍수와 난장판 속에 휩쓸리지 않으려면 본질적인 것과 그렇지 않은 것을, 의미 있는 것과 없는 것을, 책임져야 할 것과 그렇지 않은 것을 구분하는 법을 배워야 합니다.

신사숙녀 여러분. 저는 여러분께 철학자로서뿐 아니라 정신의학자로서 말씀드리고 있습니다. 그 어떤 정신의학자나 심리치료사, 그리고 의미치료사라 할지라도 환자에게 무엇이 삶의 의미인지 콕 집어서 말해줄 수는 없습니다. 그러나 우리는 환자들에게 삶이 의미가 있고 어떤 조건과 상황에서도 삶은 그 의미를 잃지 않음을 말해줄 수 있습니다.

뿐만 아니라 고통 속에도 의미를 찾아낼 수 있는 가능성은 있기에 인간적 차원에서 고통을 삶의 의미로 승화시키는 것도 인간에게는 가능합니다. 한 마디로 실패를 겪는 와중에도 인간은 아직 자신이 해낼 수 있는 것들이 있음을 보여줄 수 있습니다. 혹은 루 살로메의 말을 빌려 표현할 수도 있겠지요. 프로이트가 "존재에 끝이 있음을 받아들이기 힘겹다."고 했을 때, 그녀는 "중요한 것은 어떤 사람이 다른 이들과 함께 고통을 나누고 인간들이 무엇을 해낼 수 있는지 보여주는 방식"이라고 편지를 보냈습니다.

실제 의미치료사는 도덕적이 아니라 현상학적으로 사고합니다. 우리는 어떤 사실에 대해 가치 판단을 하려는 것이 아니라 평범한 사람이 어떤 식으로 가치를 체험하는지 사실을 있는 그대로 연구하고자 합니다. 의미치유사는 삶과 직업, 사랑, 그리고 무엇보다도 용감하게 고통을 극복하는 것이 얼마나 큰 의미를 갖는지 알고 있습니다.

그리고 파울 폴락이 말한 대로 의미 치유법이 이론적인 측면에서는 평범한 사람들의 일상적인 깨달음을 학문의 언어로 옮기는 일을 한다면 의미 치유법의 실질적인 측면은 삶에서 의미를 찾아내는 법에 관한 지식들을 누구나 이해할 수 있는 언어로 다시 옮기는 데 있습니다. 반복해서 말해보겠습니다. 현상학은 기본적인 지식을 학문적인 언어로 옮겨 표현합니다. 그리고 의미 치유법은 얻어진 지식들을 다시 일상적인 말로 옮겨냅니다.

하버드 대학의 판스워스 교수는 미국의학 협회에서 강연 중 이런 말을 했습니다.

"의학은 본래의 영역에서 더 확대해 치료의 범주를 넓혀야 하는 시점에 직면해 있다. 이러한 현실에 마주하고 있는 의사들은 철학에 대해 깊이 고찰해볼 필요가 있는 것이다. 우리 시대의 가장 큰 고통은 삶에 있어서의 목표상실과 권태, 의미와 목적의 결핍이다."

오늘날의 의사들은 의학을 넘어선 철학적인 성격의 질문들까지 받고 있는데, 이 질문들에 제대로 대답할 준비가 된 의사는 많지 않습니다.

정신의학자를 찾아온 환자들은 삶의 의미에 회의적이며 과연 삶의 의미란 것을 찾을 수 있을지 절망적이라고 호소합니다. 이럴 때는 칸트의 조언대로 철학을 치료약으로 사용할 수밖에 없습니다. 만약 사람들이 철학 앞에서 겁을 내며 거부한다면 그것은 그들이 자기 자신의 존재적 진공과 대면하는 데 두려움을 품고 있기 때문입니다.

물론 이런 노력 없이도 의사 노릇은 할 수 있습니다. 하지만 폴 뒤부아가 말했듯, 그리되면 의사와 수의사 사이의 차이점은 단지 고객이 다르다는 것밖에 남지 않을 겁니다.

대중을 대상으로 한 정신의학 교육

마 부르크 대학의 필링어 정신의학 교수는 미국으로 연구 여행을 다녀온 뒤 보고했습니다.

"미국에서는 학술적 연구 결과를 대중화하고 선전하는 경향이 널리 퍼져 있는데, 대중화는 좋은 일이지만 그것이 프로파간다로 이용되는 것은 안타까운 일이다."

전 그 말을 이렇게 정정하도록 하겠습니다. 프로파간다로 이용하는 건 좋은 일입니다. 하지만 제가 보기에 대중화 경향은 안타깝습니다.

예를 들어 프로파간다 선전은 대중들에게 정신위생이나 심리치료 관련 지식을 효과적으로 전달할 수 있습니다. 그 반면 심리치료의 대중화는 그게 곧 심리치료 자체는 아니라서 꼭 심리치료적 효과를 내지는 않습니다. 이 점을 자세하게 하나하나 증명해 보이기 전에, 학자로서의 업적도 논란의 여지가 없으면서 자신의 학설을 대중화하는 노력에도 챔피언이었던 누군가가 전반적인 학문의 대중화와 관련해 했던 말을 인용해보겠습니다. 알베르트 아인슈타인이 말했습니다.

"학자란 누구나 알아듣기 쉬운 얄팍한 내용으로 쓰거나 아니면 심오하되 아무도 알아들을 수 없는 내용으로 글을 쓰거나 둘 중 하나이다."[1]

그리고 심리치료라는 특수한 분야로 오면 어려워서 사람들이 못 알아듣는다는 것쯤은 대중화 시도에 닥치는 시련 중에서는 그리 큰 시련도 아닙니다. 못 알아듣는 것보다 더 위험한 것은 잘못 알아듣는 것입니다.

뉴욕에서 정신위생을 담당하는 빙거 박사는 "제 아무리 좋은 강연을 해도 내용이 엉뚱하게 전달되지 않는다는 보장이 없다."고 한탄합니다. 어느 날 그는 라디오에서 소위 심신증 치료제에 대해 강연을 했다가 이튿날 어디 가면 심신증 약을 한 병 살 수 있냐는 편지를 받았다고 합니다.

게다가 어떤 질환에 대한 지식이 언제나 치료에 도움이 되는 것도 아니라고 말씀드려야겠습니다. 아는 게 오히려 병인 경우도 생길 수 있습니다. 혈압 측정의 상황을 예로 들고 싶군요. 어느 환자의 혈압을 쟀더니 약간 높게 나왔다고 칩시다. 그런데 환

---

[1] 학자가 알아듣기 쉽게 쓰겠다는 야심을 품어놓고도 자칫하면 오류로 빠질까봐 스스로 겁먹어 구체적인 사례는 못 들고 추상적인 이야기만 하고 마는 과오는 아예 빼기로 한다.

자가 잔뜩 걱정을 하며 물었습니다.

"의사 선생님, 제 혈압이 어떻습니까?"

걱정할 필요는 아무것도 없다고 말해주면 제가 환자를 속이는 걸까요? 그렇지 않다고 감히 주장하겠습니다. 제 대답을 듣고 안심한 환자는 안도의 한숨을 쉬며 말할 겁니다.

"아이고 다행이네요. 선생님, 전 이러다 고혈압으로 쓰러지는 건 아닌지 늘 걱정했답니다."

그리고 두려움이 가시자마자 환자의 혈압은 낮아져서 정말 정상이 될 겁니다. 반대로 제가 환자에게 사실대로 혈압 수치를 알려준다면 무슨 일이 벌어지겠습니까? 제 진단에 진짜로 겁을 먹은 환자는 혈압이 약간 높은 정도에서 머무는 게 아니라 확 올라가버릴 것입니다.

통계적 연구 결과의 대중화도 살펴보죠. 아내를 속이고 외도를 하는 남자들이 많다는 통계가 널리 알려지면,[2] 외도한 남자들의 퍼센티지 수치는 그 상태로 머물지 않을 거라 저는 확신합니다. 평균적인 남성들이 남자들 중 대다수가 (자기처럼) 바람을 피운다는 사실에 충격을 받고, 건전한 소수파에 힘을 실어주기 위해 그날로 아내에게 충실하기로 맹세를 하게 될까요?

아니죠. 보통 남자들은 이리 생각할 겁니다. 내가 성자도 아닌데 남들보다 도덕적으로 훌륭할 필요는 뭐 있나. 그리고 이 생

---

2) 광범위하게 거행된 조사들은 실제로 대중적으로 공개되곤 한다.

각은 바람피울 기회가 닥치자마자 그의 선택에 영향을 줄 겁니다. 물리학자 하이젠베르크의 유명한 진술인 "전자를 관찰하는 행위는 전자 자체에 영향을 준다."는 것과도 비교할 수 있겠습니다. 지금 우리가 다루고 있는 주제도 이와 일맥상통하는 바가 있으니, 통계적 진실을 알리는 행위는 그 통계가 수집했던 사례들에 영향을 주게 되고, 결과적으로는 진실을 왜곡하게 된다는 것입니다.

심층 심리학과 정신분석학이 중부 유럽인들은 상상도 못할 만큼 대중화된 미국에서는 벌써 부작용이 보입니다. 얼마 전 학술잡지에서 읽은 내용인데, 심리치료의 근간을 이룬다고 알려진 자유 연상법이 더 이상 자유롭지 않게 된 지 오래라서 환자의 무의식에 대한 정보를 줄 수 없게 되었다고 합니다. 환자가 정신분석과 그밖에 독자들에게 인기 있는 주제들을 다룬 책들을 너무 많이 읽는 바람에 분석가가 뭘 의도하는지 너무 빤삭해졌고, 그래서 선입견과 제약 없는 연상은 불가능해진 것입니다.[3]

---

3) 에밀 A. 구세일을 참조. 이와 같은 경우 환자들은 종종 분석가의 마음에 들 만한 연상 내용들을 미리 생각해둔다. 분석기법이 널리 퍼져 그 기본 개념이 일반 상식이 되어갈수록 소위 자유 연상에 대해서는 회의적으로 될 수밖에 없다. 오늘날 정말 즉흥적으로 연상들을 털어놓는다고 분석가 쪽에서 믿을 수 있는 환자는 소수에 불과하다. 장기간의 치료에서 환자가 내놓는 연상들은 자유롭기는커녕 환자가 생각하기에 분석가가 좋아할 만한 특정한 관념들을 제공해줄 뿐이다. 이것으로 어떤 분석가들이 출판하는 병례 보고에는 그 분석가의 관념을 뒷받침해주는 사례들이 그토록 많이 발견되는지 설명이 될 것이다. 아들러 학파의 환자들은 권력 문제에만 시달리고 그들은 야심과 남 위에 올라서려는 충동 등에만 쫓기는 것처럼 보인다. 융의 추종자들의 환자들은 온갖 원형들과 신비적 상징들을 쏟아놓는다. 프로이트 학파들은 환자들을 통해 거세 콤플렉스와 출산 트라우마 등등의 학설이 들어맞는다고 확신한다. 환자들의 연상 중에서는 극히 일부만이 미리 사고되어 위조되는 과정을 거치지 않는다. 〈Aktive Psychoanalyse〉 V. E. 프랑클, V. E. 폰 겝사텔과 J. H. 슐츠가 펴낸 《Handbuch der Neurosenlehre und Psychotherapie》에 수록.

보통 독자들도 중요한 콤플렉스는 다 압니다.[4]

독자들이 정작 모르는 사실은 이런 콤플렉스와 갈등 혹은 소위 말하는 트라우마적 경험들, 즉 영혼의 상처라는 것들이 독자들의 추측처럼 신경증의 발병에 영향을 미치지는 않는다는 점입니다.

상황을 그려 보이기 위해 저희 과의 의사에게 부탁하여 무작위로 최근 외래 진료를 받은 열 명의 신경증 환자들에게 살면서 충격적인 경험을 한 적이 있는지 설문했던 이야기를 하겠습니다. 그리고는 신체상의 이유로 신경질환을 앓고 있는 우리 과 환자 열 명에게 역시 무작위로 같은 내용을 설문했습니다.

결과는 놀라웠습니다. 정신적으로는 건강한 후자의 환자 열 명도 신경증 환자들과 비슷한 경험을 했을 뿐더러 더 잦게 겪기까지 했습니다. 그러나 그들은 신경증에 걸리지 않고 트라우마를 극복해냈다는 것이었습니다.

따라서 숙명론적으로 사고할 필요가 전혀 없습니다. 과거의 체험이 현재의 질환으로 나타나고 만다는 숙명론은, 설사 그 체험이 힘겨운 것이었다 해도, 숙명론 자체가 이미 신경증적인 증

---

4) 미국의 정신의학자 G. R. 포러는 일례로 세 살짜리 아들의 앞에서는 절대 가위를 쓰지 않는 여성을 든다. 〈왜냐면 어린 남자아이들은 거세될까 두려워하니까〉 (The Psychiatric Quarterly 28, 126, 1954). W.G. 엘리아스버그(New York) 참조. "중요한 쟁점은 어쩌면 우리 주위는 지나치게 정신의학으로 넘쳐나는 게 아닌가 하는 것이다. 여기서 의미하는 정신의학이란 물론 사실은 '정신의학질'이다. 미국에는 이 '정신의학질'이 넘쳐나다 못해 모든 인간 뒤에서 콤플렉스와 충동과 감정과 이해 동기를 찾아야 직성이 풀린다."(Schweizer Archiv für Neurologie und Psychiatrie 62, 113, 1948)

상인 겁니다. 자신의 콤플렉스와 성격에 대해 변명하고 정당화하려고만 하는 것은 전형적인 신경증이거든요.

전형적인 신경증 환자들이란 그렇습니다. 자기 자신에 대해 한번 결론을 내리면 거기에 언제까지나 집착을 하고 일단 자기 자신에 대해 벌어진 일은 어쩔 수 없는 걸로 받아들이고 맙니다. 자신은 원래 의지가 약하다고 말하는 사람들은 의지가 있는 곳에 길이 있다는 건 알아도 목표가 있는 곳에 의지 또한 생긴다는 사실은 모릅니다. 신경증 환자는 자신의 성격에 대해, 성격상의 특징에 대해 일단 말하게 내버려두면 내내 그 성격을 구실로 핑계를 댑니다. 허나 자기 운명이 이미 결정 났다고 믿는 사람이 어떻게 운명을 이겨내겠습니까?

이것이 우리가 신경증의 숙명론에, 그리고 아울러 유해한 방식으로 정신의학적 연구결과를 대중화하려는 경향에 저항해야 하는 이유입니다. 사실은 정상의 범주에 속하는 가벼운 신경 장애를 무시무시하고 심각한 질병의 증상이나 전조로 여기고 두려워하다 정말로 신경증 질환에 걸리고 마는 환자들을 얼마나 많이 봐왔던가요. 그리고 이런 공포에 빠진 일반인들은 곧잘 대중화된 의학적, 심리치료 지식에 매달리는데, 그 지식들이란 위험한 반쪽짜리이기 일쑤입니다.

정신의학적 전문용어들을 적당히 주워섬기는 게 수준 높은 언론의 자세로 여겨지는 오늘날, 영화들이라고 가만히 있지는 않습니다. 영화들은 곧잘 정신분석이나 의식의 분열, 기억상실

같은 사례들을 다루는데, 거기 나오는 정신분석이란 실상은 영화 만드는 이가 이런 게 정신분석이겠거니 하고 넘겨짚는 겁니다. 이런 영화들을 통해 근거 없는 두려움들이 생겨납니다. 논리적으로 생각할 수 있는 여성이라면, 영화 〈뱀굴〉을 본 후에 이렇게 자문할 겁니다.

'그래, 우리 어머니도 아마 나한테 젖을 늦게 물린 적이 있었을 거고, 우리 아버지도 내 인형을 밟아 망가뜨린 적이 있지 않겠어? 나도 여주인공처럼 어린 시절에 정신적 상처를 겪은 거네. 난 잊고 있던 일이지만 영화 속의 저 여자도 정신분석가를 만나기 전까지는 그 경험을 무의식 속에 묻어두고 있었잖아!'

그리고 정말로 논리적으로 생각하는 여성이라면 극장을 떠날 때쯤이면 자신도 뱀굴에, 격자로 사방이 막힌 침대에 떨어지고 말 거라고 근심에 빠질 겁니다. 이런 종류의 두려움은 전반적으로 강박공포에 해당하는데, 정작 이런 강박관념에 잘 걸리는 사람들은 진짜 정신장애에는 면역되어 있습니다.

여기는 영화의 예술적 면모를 비평하는 자리가 아닙니다. 하지만 영화 〈뱀굴〉이 정신의학적 정보랍시고 내놓는 것들은 전부는 아니더라도 상당수가 오해의 여지가 다분하다는 걸 지적해야겠습니다. 그것들이야말로 득시글거리는 뱀들만큼 위험합니다. 그리고 자살을 안락사와 결부시켜 현명한 결말로 내놓는 영화들에 대해서는 굳이 말을 않겠습니다.

라틴어로 'Semper aliquid haeret' 라는 말이 있습니다. '무언

가는 꼭 들러붙어 남는 게 있다' 라는 뜻입니다. 영화제작의 책임자들이 그들이 만들어내는 필름 한 조각마다 대중심리에 영향을 미치게 되고, 그들이 원하든 원하지 않든 영화 상영이란 곧 대중들의 심리를 상대로 펼쳐지는 의료 행위임을 똑똑히 인지하기를 바랄 뿐입니다.

영화나 책이 표현하는 건 그것들이 생산되던 시대에 널리 퍼진 질환의 징후, 증상을 그대로 반영해낸 것에 불과하다는 말로는 변명이 되지 않습니다. 왜냐하면 영화와 책, 신문과 방송, 요약하여 대중들에게 깊은 인상을 주고 영향을 미치는 모든 매체가 단순히 병의 징후로 머물 것이 아니라 병의 치료약이 되도록 힘쓰는 것이 우리의 의무이기 때문입니다.

정신분석학과 개인심리학

프로이트의 학설인 정신분석학은 일반인들 사이에 널리 퍼진 통념과는 달리 현대 심리치료(다시 말하자면 정신적 질환의 치료) 중 한 학파에 불과합니다. 물론 단순히 하나의 학파가 아니고 최초의 학파라 해야겠지만요. 그런 이유에서 우선 이 학설에 대해 이야기해보겠습니다.

정신분석학의 사명이 무엇일까요? 일단 히스테리라 지칭되던 심리적 질환의 증상들에서 의미를 찾아내는 것이 프로이트의 문제의식이었다고 대답할 수 있습니다. 프로이트는 이 증상들이 실제로 의미가 있는데, 단지 그 의미는 무의식적이라 환자 스스로도 이해하지 못함을 알아냈습니다. 하지만 여기서 무의식적이라는 것은 그냥 잊히는 바람에 무의식으로 가라앉는다는 것과는 다릅니다. 자연히 잊히는 것이 아니라 무의식의 영역으로 억압되고 의식에서 차단되어 강제로 떨어져나가는 겁니다. 그리고 프로이트는 이렇게 억압되어 무의식으로 가라앉은 경험들은 최종적으로는 모두 성적인 면과 관련되어 있다고 믿었습니다. 프로이트에 따르면 해당 체험들은 성적인 것이기 때문에 억압될 수밖에 없었습니다.

그러나 정신분석학에서 말하는 '성적 본능'이란 광범위하다는 것, 즉 본능적인 모든 것과 삶의 에너지까지 포괄하는 개념임을 잊지 말아야 합니다.

프로이트는 억압된 것은 이를테면 꿈의 형태로 의식의 표면에 떠오름을 보여주었습니다. 하지만 이때는 변형되어 상징적인 모습으로 나타납니다. 억압된 관념이나 충동은 본모습을 숨기고, 오로지 상징이라는 가면을 쓰고서야 감히 의식의 빛 앞에 나타날 수 있습니다. 다른 말로 하자면 의식과 무의식이 서로 타협을 하는 겁니다. 프로이트에 따르면, 신경증, 이를테면 강박관념 같은 것도 이러한 타협의 일환입니다. 정신분석학파의 시각으로는 억압된 충동은 변형되어 기괴한 강박관념의 탈을 쓰고 환자의 의식 속에 나타납니다. 정신분석학파 식 치유법의 임무는 억압을 제거하거나 무의식적인 과정을 의식 위로 다시 끌어올림으로써 환자가 신경증에서 해방되도록 하는 것입니다.

정신분석학파에서 두 번째로 중요한 학파는 빈을 근거지로 했던 알프레트 아들러의 개인심리학입니다. 아들러의 연구 기반을 이루는 것은 그가 '기관의 하등함'라고 일컫는 개념으로, 그는 천성적으로 타고난 기관적 결함을 가리키기 위해 이 개념을 사용했습니다. 신체적인 열등함이 정신적인 영역에까지 영향을 미칠 때 열등감이 생겨나는 것이지요. 열등감이란 원래 일반인들 사이에도 널리 알려져 있던 표현을 개인심리학에서 갖다 쓴 것이지만, 아들러는 거기에 흥미로운 관점을 추가했습니다. 기관적 결함뿐 아니라 다른 요소 또한 열등감을 불러일으킬 수 있을 뿐더러, 심지어 아주 어린 시절부터 그렇다는 것이었습니다.

예를 들어 병약하거나 남들보다 약하거나, 아니면 특히 자주 있는 사례인데 못생긴 외모를 하고 있거나 진짜로 못생기진 않았어도 자신이 못생겼다고 믿는 경우입니다. 개인심리학파의 학설에 의하면 어느 정도의 열등감은 누구나 갖고 있습니다. 다른 짐승들보다 어린 시절 성인과 부모에 대한 의존도가 높은 인간이기에 당연한 것입니다. 하지만 정상적인 아이들의 정상적인 열등감은 인간 사회의 틀 안에서 안전한 위치를 확보하려는 자연스러운 노력을 통해 해소되거나 개인심리학파 식으로 말하자면 보상됩니다.

비정상적인 열등감, 병치레가 잦거나 약하고 못생긴 아이들의 뿌리 깊은 열등감은 경우가 다릅니다. 이때는 보상으로는 충분하지 않고 소위 과잉보상이라는 것이 요구됩니다. 유난히 자신감이 모자라는 사람들이 유난한 방식으로 자신을 돋보이게 하려 애쓰곤 하는 것을 다들 접해보셨을 겁니다. 그것은 공동체에 길이 남고 공동체에 득이 되는 업적을 쌓으려는 노력일 수도 있고, 반대로 공동체에 맞서 다른 사람들을 겁주고 대단한 척을 하는 방식일 수도 있는데, 어느 쪽이든 겉모습만으로도 우월한 척을 하여 열등감을 보상받으려는 것은 마찬가지지요. 아들러는 그가 어느 책 표제에서 '신경질적 성격'이라 칭한 모든 신경증적 질환이 이런 유의 뿌리 깊은 열등감의 잘못된 과잉보상으로 인한 것이라 주장했습니다.

그렇다면 치유법은? 개인심리학은 자존감이 부족한 신경질적인 인간이 남들에게 인정받고자 애쓰는 과도한 노력을 병의 근원으로 보고 공략하려 합니다. 첫 번째로는 그들이 털어놓지 않는 열등감 뒤에 무엇이 숨어 있는지 의식하게 만들어주고, 두 번째로는 이런 사람들에게 용기를 심어주고 인간들의 공동체로 이끌어 열등감을 극복하는 법을 가르치고자 합니다.

현대 정신치료법은 계속 발전하고 있어서 그간 정신 환자들을 치유하려는 다른 방식들도 도입이 되었습니다. 일단 떠오르는 인물은 프로이트의 제자였으나 일찌감치 독립하여 다른 방향을 개척한 스위스의 유명한 심리학자 C. G. 융[1]입니다. 그가 한 연구의 예를 들자면, 융은 건강한 사람이든 병든 사람이든 그 무의식의 층 속에 성적 상징뿐 아니라 멀고 낯선 문화권과 종교의 상징들 또한 존재함을 발견했습니다.

---

1) 스위스의 정신과 의사. 정신분석의 유효성을 인식하고 연상실험을 창시하여, 프로이트가 말하는 억압된 것을 입증하고, '콤플렉스'라 이름 붙였다. 분석심리학의 기초를 세우고, 성격을 '내향형'과 '외향형'으로 나눴다.

더 이상 깊이 들어가지는 않겠습니다. 중요한 것은 프로이트의 이론, 즉 정신분석학이라는 것이 그 시대의 산물이었음을 부정할 수 없다는 사실입니다. 물론 다들 알다시피 오늘날에는 정신분석학이 대중들에게 널리 퍼져 있는 반면, 프로이트가 대단한 발견을 해냈던 당시에는 대중은 물론이고 그 분야의 사람들, 임상의들에게까지 반발을 사긴 했습니다.

하지만 오늘날 정신분석학의 커다란 영향력 때문에, 혹은 그 시조인 프로이트의 천재성에 경의를 표한다고 판단이 흐려져서는 안 됩니다. 우리는 히포크라테스나 파라셀수스 또한 여전히 존경하지만, 이 두 위대한 의사의 요법대로 치료를 하거나 심지어 수술을 하지는 않습니다. 아울러 프로이트가 당시의 자연주의에 깊이 사로잡혀 있었음을 간과해서는 안 됩니다. 그 말은, 그는 인간을 단지 본능적인 존재로 볼 뿐 인간의 정신성은 무시했다는 뜻입니다. 물론 인간은 본능을 느낍니다. 그러나 인간의 본질적인 것을 이런 본능에서 이끌어낼 수는 없습니다. 정신이나 인격, 자아와 같은 것을 본능으로 귀결할 수는 없습니다.

프로이트는 옳게 관찰했지만 모든 것을 관찰하지는 못했습니다. 그는 자신이 본 것만을 일반화했지요. 투시 사진 안에서 인간이 아닌 인간의 골격만을 보는 방사선과 의사도 옳게 관찰을 한 겁니다. 하지만 인간이 뼈만으로 이루어진 존재라고 주장할 방사선 의사는 없을 겁니다. 대신 자신은 뢴트겐 사진에서 뼈밖에 보지 못하지만 실제로 인간에게는 다른 세포들도 존재한다고 말하겠지요. 뿐만 아니라 다음과 같은 추론도 할 수 있습니다. 살아 있는 사람의 엑스레이 화면에서 뼈 하나가 튀어나와 있다면 그 사람은 건강한 게 아니라 골절상을 입은 겁니다.

정신분석에서도 마찬가지입니다. 인간은 본능을 갖고 있습니다. 하지만 길들여지지 않은 본능이 불쑥 튀어나오면 그 사람은 건강한 게 아닙니다. 본능에 의해 끌려 다니는 비상사태지요. 하지만 이런 비상사태를 근거로 인간상을 구축하거나 프로이트가 했듯 본능만으로 인간 문화 전체를 설명하려 해서는 안 됩니다.

어느 시대나 특유의 신경증이 있고, 그에 따른 심리치료를 필요로 합니다. 프로이트의 정신분석학이 앞으로는 보수적이고 뒤로 숨어서는 외설적이던 빅토리아 시대와 그 문화에 훌륭히 들어맞았음은 이로 증명이 됩니다. 그 당시 사회에서는 성적 위선의 가면을 벗고 거울을 들이대는 것이 의미 깊은 일이었습니다. 그러나 지금 이 시대의 문제는 다른 데 있고, 오늘날의 심리치료는 인간들의 성적 불만족보다는 존재적 불만족을, 즉 삶의 목표와 존재의 이유, 구체적인 사명과 개인적인 소명에 대한 사람들의 갈망을 해결해야 합니다.[2]

니체는 언젠가 "살아갈 이유가 있는 사람은 어떤 현실도 견뎌낸다."고 했습니다. 그것은 자신의 삶의 의미를 아는 사람은 그

---

[2] 인간은 소위 열등감보다도 이러한 무의미하다는 감각 때문에 더 자주 정신적인 병을 얻는다. 그 자신이 별 가치가 없다는 느낌이 아니라 자신의 존재가 의미 없다는 느낌 때문에 앓게 되는 것이다.

것을 의식함으로써 다른 모든 것을, 외적인 고난과 내적인 어려움을 극복해낼 수 있다는 뜻입니다. 그러므로 인간이 자신의 존재의 의미를 찾을 수 있도록 무엇보다도 우선적으로 그의 내면에 잠들어 있는 의미를 향한 욕구를 일깨워주는 일이 치유의 관점에서도 중요해집니다. 그리고 이를 위해서는 영혼 치유에 있어서 구식 학파들과는 다른 종류의 새로운 인간상이 필요합니다. 정신분석학파는 쾌락 원칙으로 이해될 수 있는 쾌락의 의지를 우리에게 가르쳐주었습니다.

개인심리학은 인정받고자 하는 욕구로 나타나는 권력의 의지를 알려주었습니다. 하지만 실제로 인간의 깊은 내면을 움직이는 것은 의미를 찾고자 하는 의지입니다. 그리고 실례를 보면 병원의 내외 진료뿐 아니라 포탄구덩이나 방공호, 포로수용소, 강제수용소 같은 극단적인 '경계상황'들의 실례까지 합쳐보면 인간이 가장 고된 일도 견뎌내고 불가능에 가까운 일도 해내게 만드는 것은 단 하나뿐입니다. 그것은 의미를 찾고자 하는 의지, 그리고 인간은 자신의 삶의 의미를 이룰 책임이 있다는 인식에 대한 호소지요.

숙명론적인 태도

심리치료에 관한 지난 두 번째 강연은 책임의식에 대한 요구로 끝났습니다. 저는 모든 정신의학적 행위가 최종적으로는 환자에게 기쁘게 책임을 받아들이는 법을 가르쳐야 함을 보여드리고자 했습니다. 신경증 환자들이 흔히 보이는 특징은 그 반대입니다. 그들은 책임을 꺼리고 두려워합니다. 가르쳐 인도해야 한다는 표현 자체가 사람들을 일부러 '책임 쪽으로 끌어당겨야 함'을 보여줍니다. 꼭 사람들을 책임으로부터 도망치게 만드는 힘이 존재하는 것 같습니다.

인간들에게 이 도망치려는 힘을 부여하는 건 뭘까요? 그건 내적, 외적 운명의 힘에 대한 미신입니다. 외적인 상황과 내적인 상태가 발휘하는 힘에 대한 미신이지요. 한마디로 말하자면, 이 사람들을 도망치도록 몰고 가는 것은 숙명론입니다. 정신이 병든 사람뿐 아니라 겉으로는 멀쩡한 사람들도, 어떤 의미에서는 오늘날의 인간들 전부가 그 영향을 받습니다.

물론 이 신경증적 특징이 오늘날 인류 전체에 해당한다고 말할 수도 있겠지요. 그리고 숙명론이, 운명에 대한 믿음이 시대정신의 병리학이라는 측면에서 우리 시대가 전체적으로 앓고 있는 증상이라고 말할 수도 있을 겁니다. 그럼에도 불구하고 저는 오늘날 널리 퍼진 '시대질환'이라는 개념이 사실은 헛소리라고 믿습니다. 그 개념의 전제조건도 근거가 없고, 결론도 오해를 불러일으킵니다. 이 헛소리는 학문적으로 뒷받침되지 않으며 후안무치하기까지 합니다.

이 시대질환을 심리치료자들이 치유하고자 애쓰는 신경증과 같은 거라고 생각해도 될까요? 신경증에 걸린 시대라는 게 있는 걸까요? 실제로 F. C. 바인케라는 사람이 쓴 《신경증적인 상태, 우리 시대의 만성 질환》이라는 책이 있긴 합니다. 이 책은 빈의 J. G. 호이브너 출판사에서 53년도에 출간되었습니다. 하지만 1953년이 아니라 1853년입니다. 신경증이 우리 시대 고유의 질환이라는 주장은 별로 신빙성이 없음을 아시겠지요. 우리만 신경증에 시달리는 게 아니랍니다!

이런 시대병의 진단 중 제일 얄팍하고 근거 없는 소리는 우리 시대의 "정신없는 속도가 사람들을 병들게 한다."는 주장입니다. 유명한 사회학자 헨드릭 드 만도 "속도를 일정한 한계 이상으로 끌어올리는 일은 반드시 부작용을 수반한다."라고 말한 바 있습니다.

이런 주장이 사실일까요? 인간이 교통수단의 발달을 따라잡지 못한다는, 고로 기술적 발전에 맞춰갈 수 없다는 주장은 예전부터 있었지만, 그릇된 예언입니다. 지난 세기 기차가 처음으로 도입되었을 때는 의학적 견지에서 인간이 기차 속도에 적응하지 못해 병에 걸리고 말 거라는 진단이 나왔습니다. 그리고 몇 해 전까지만 해도 음속을 넘는 속도로 비행하는 것이 과연 건강에 무해할지 의심이 떠돌았습니다. 그 결과를 우리는 압니다. 다시 말하자면 그 예언들과 회의적인 관점들이 그릇된 것으로 판명된 이제는 압니다. 인간은 무엇에나 적응할 수 있는 존재라는 도스토예프스키의 말이 옳았음을요.

현대의 속도란 시대질환의 병인이기는커녕 그냥 병인도 아닙니다. 저는 심지어 이렇게 주장하렵니다. 삶의 속도가 빨라진 건 오히려 사람들의 자가 치유 시도의 일환이라고요. 비록 그것이 실패한 시도라도 말이지요. 자가 최면이라 생각하고 보면, 왜 그렇게 허겁지겁 살아가는지 이해가 됩니다. 사람들은 내면의 황량함과 공허에서 벗어나기 위해 뒤죽박죽의 소용돌이로 뛰어드는 겁니다. 프랑스의 위대한 정신의학자 자네는 그가 신경쇠약 환자들이라 일컬은 이러한 사람들이 모든 것이 부질 없고 공허하다는 느낌에 시달리고 있다고 기술했습니다. 이 공허함이란 비유적인 의미입니다. 존재론적 공허, 즉 자신의 존재가 목적도 없고 이유도 없다고 느끼는 감정입니다.

제가 지난 강연 때 정신분석학이 해당 시대사조의 영향 아래 있었다고 한 이야기를 관련시켜 보면 오늘날의 적지 않은 사람들을 괴롭히는 것은 이 공허감입니다. 프로이트의 시절에는 성적인 문제가 뿌리 깊었던 반면 오늘날의 사람들은 성적 불만족보다는 존재적 불만족, 혹은 미국 정신의학자들의 표현을 빌자면 '좌절'에 시달리고 있습니다. 이 좌절이란 곧 제가 의미를 찾고자 하는 의지라고 칭했던 것의 다른 모습입니다.

이제 여러분은 이해하실 겁니다. 오늘날의 사람들은 속도를 통해 좌절을, 불만족을, 의미를 찾고자 하는 채워지지 않은 의지를 마취시킵니다. 오늘날의 사람들은 괴테의 희곡 〈에그몬트〉에 실린 문장이 절묘하게 표현하는 바에 괴로워합니다.

"어디로 가는지는 알 수가 없고 어디에서 왔는지는 기억할 수 없네."

덧붙이자면 존재의 의미와 자신이 가고 있는 길의 목적지에 대해 아는 바가 없을수록 사람들은 속도를 올려 그 길을 내달립니다. 속도를 사람들의 정신적 위기의 원인이라 우기는 것 외에도 흔히 유행하는 시대질환의 특징적인 진단으로는 우리의 20세기가 '불안의 세기The Age of Anxiety'라거나, 유명한 책 제목을 인용하자면 서구문명이 불안이라는 질병을 앓고 있다는 주장이 있습니다. 여기에도 반박거리는 있습니다. 그저 미국 학자 두 명이 〈미국 심리요법 저널〉에 냈던 내용을 언급하기로 하지요. 그들의 연구에 따르면 노예 제도나 종교 전쟁, 마녀 사냥, 민족의 대이동, 혹은 흑사병의 시대 등 소위 '차라리 지금보다 살기 좋았던 옛날'이라고 사람들이 불안감에 덜 시달렸던 것은 아니라고 합니다.

독일의 정신과 의사 요아힘 보다머가 만약 오늘날 사람들이 유독 시달리는 불안이 있다면 그건 지루함에 대한 불안이라고 했던 말이 옳습니다. 지루함이 사람을 잡을 수도 있음은 잘 알려져 있습니다.

하이델베르크의 내과의 플뤼게 교수가 자살 사례들을 조사한 바에 따르면 자살의 원인은 질병이나 경제적 어려움, 직장이나 다른 곳에서의 갈등이 아니었다고 합니다. 놀랍게도 권태 때문에, 즉 의미 있는 삶에 대한 욕구가 채워지지 않아 사람들이 자살을 한답니다. 대중들이 한때는 물질적 부족함에 시달렸다면 이제는 물질적 여유는 있지만, 할 일이 없다는 사실에 시달리고 있는 겁니다. 이것이 신경질환과 어떻게 연결이 되는지는 이미 몇 년 전 빈의 신경의 파울 폴락이 보여주었습니다.

그의 말에 의하면, 사회의 물질적인 문제들을 해결하면 곧 신경증도 자연히 사라질 거라는 환상을 가져서는 안 된다고 합니다. 오히려 그 반대지요. 물질적인 문제가 해결이 된 다음에야 실존적인 의문들이 본격적으로 인간의 의식에 파고들기 시작합니다.

"물질적 문제가 해결된 후에야 정신적 문제들이 모습을 드러낼 것이다. 드디어 사람들은 스스로를 관조하고 내면의 문제, 존재의 문제를 인식하게 되리라."

신경증 환자들은 늘지 않았습니다. 지난 수십 년 동안의 발생 빈도는 제자리에 머물러 있고, 불안신경증 환자들은 오히려 줄었습니다. 신경증의 의학적 현황은 죽 변해왔고 증후학도 달라졌지만, 불안에 떠는 사람들은 감소한 겁니다. 신경증뿐 아니라 정신병 쪽 현상도 비슷합니다. 오늘날의 우울증 환자들은 죄책감, 특히 신 앞에서의 죄책감에는 별로 시달리지 않습니다. 대신 중심을 차지한 것은 신체적 건강에 대한 걱정, 즉 건강염려증과 직장에 대한 근심입니다. 이것들이 오늘날의 우울증의 인기 소재인 것은 아마도 오늘날 보통사람들이 가장 중히 여기는 것이 신과 죄악이 아니라 건강과 직장이기 때문이겠지요.

따라서 신경질환의 발생 빈도가 요즘 들어 잦아졌다는 것은 말이 안 됩니다. 진짜로 증가한 것은 심리치료의 필요성, 즉 정신적 어려움 때문에 신경의에게 의지하려는 대중들의 욕구입니다. 하지만 이 심리치료의 필요성 뒤에 숨어 있는 것은 인간들의 시대를 초월한 형이상학적 욕구지요.

그러나 의학적 견지에서 집단신경증 같은 넓은 의미나 비유적인 의미의 신경증 말고 엄격하게 의학적 사례들만 한정지어 말하자면, 신경증 환자들이 늘었다는 주장은 말이 되지 않습니다.

뿐만 아니라 정신병 환자들의 수는 놀라울 정도로 변화가 없습니다. 변하는 것은 입원 환자의 수일 뿐인데, 거기에도 다른 이유가 있습니다. 예를 들어 빈의 슈타인호프 치유소에는 1931

년 5천 명이 넘는 환자들이 입원하여 40년이 넘는 세월 동안 최고 기록을 달성한 반면, 1942년에는 2천여 명만이 수용되어 최저치를 이루었습니다.

이유는 간단합니다. 30년대 경제 공황 시절에는 보호자들이 나름 일리 있는 경제적 고려를 거쳐 환자를 가급적 오래 입원시켜두려 했습니다. 환자들 역시 머리 위로 지붕이 있고, 끼니 때마다 더운 식사를 할 수 있다는 데 기뻐했고요. 히틀러 시절에는 달랐습니다. 안락사에 대한 역시 일리 있는 공포에서 환자들은 가급적 빨리 퇴원하거나 아예 폐쇄된 입원 시설에는 들어오지 않으려 했습니다.

자살에 대해 퍼져 있는 속설 역시 그릇되기는 마찬가지입니다. 사실은 경제 공황이나 정치적 위기의 시대일수록 자살자가 줄어든다는 것을 알게 된다면 놀라실 분들이 계실 겁니다. 뒤르크하임과 회프딩 같은 연구자들이 발표한 이 사실은 최근에도 재확인되었습니다. 가장 오랫동안 평화가 유지된 나라들이 유럽 최고의 자살률을 기록했을 뿐 아니라, 치고이너 박사가 발표한 다른 통계에 따르면 그라츠와 슈타이어마르크 지역에서는 주민들의 생활고가 가장 심했던 1946년에서 1947년 사이에 자살률이 가장 낮았습니다.

이를 어떻게 설명해야 할까요? 제 견해로는 이런 비유가 제일 적합할 것 같습니다. 언젠가 들은 이야기인데 허물어져 가는 아치를 튼튼하게 유지시키는 방법은 역설적이게도 그 위에 압력을

증가시키는 거라고 합니다. 외부의 압력이 커질수록 내부의 저항력도 함께 증가하는 모양입니다.[1]

전제가 되는 것은 사람들이 지난번에도 언급했듯이 '살아야 하는 이유'를 알아야 한다는 것입니다. 다시 니체를 인용하자면 그래야만 사람은 어떤 삶이든 견디어낼 수 있습니다. 이와 관련해 우리는 어떤 사람이 원자폭탄에 어떤 자세를 보이느냐를 놓고 그 사람의 정신적 위기를 진단해볼 수 있습니다. 요즘 신경의들은 제가 임시적인 삶의 태도라고밖에 부를 수 없는 방식으로 살아가는 사람들을 많이 목격했습니다. 이 사람들은 그저 외적 요구에 수동적으로 맞춰 살아갈 뿐입니다. 그들은 먼 훗날을 내다보고 계획하고 목표에 맞춰 삶을 쌓아올리기를 거부합니다. 이런 사람들에게는 만사가 아무래도 좋은 일입니다.

진지하지 못하고 임시적인 삶의 태도가 장기적으로 대중들에게 유해한 영향을 미칠 것은 분명합니다. 하지만 다른 한 가지 또한 확실합니다. 만약 인간이 어떤 악조건과 극단적인 외부 상황에도 내면의 꼿꼿함을 잃지 않고 맞설 수 있게 만드는 것이 있다면 바로 목표 의식, 사명이 있다는 의식입니다. 이런 의식을 가진 사람들은 용기없는 다른 이들에게는 운명적이고 한없이 커보이기만 하는 시대의 힘에도 저항할 수 있습니다.

---

1) H. 슐테 참조. "모든 사회적 위기 상황에는 이혼과 자살, 약물 중독, 치유를 요하는 신경증 사례가 줄어듦이 널리 알려져 있다." (Gesundheit und Wohlfahrt, 1952년 호, 78쪽), 정치적 격동기의 자살을 연구한 E. 메닝어-레르헨탈(Das europäische Selbstmordproblem, 빈, 1947, 37쪽)과 J. 히르쉬만에게서도 비슷한 논지를 읽을 수 있다.

임시적 삶

심리치료에 대한 지난 강연에서 시대정신의 병리학이라는 것이 언제 어떤 맥락에서 합당한 개념이 될 수 있는가라는 질문을 던졌습니다. 뿐만 아니라 시대정신질환의 주된 증상으로 숙명론, 운명의 힘에 대한 미신을 자세히 설명하고 두 번째 증상인 임시적 삶의 태도를 살짝 언급하며 오늘의 강연을 예고했습니다.

전쟁 때 사람들이 얼마나 임시적으로 살았는지, 다른 말로 하자면 '내일'이라는 시간을 살아서 어떤 의미 있는 경험을 할 수 있을지 장담할 수 없기 때문에 하루하루를 얼마나 닥치는 대로 살았는지를 기억해봅시다. 전선에서도, 포탄구덩이 속에서도, 소위 후방이라 불리는 방공호에서도, 적국에서도, 포로수용소에서도, 강제수용소에서도 얼마나 더 살아남을 수 있을지 막막했던 것은 누구나 마찬가지였습니다. 이런 상황에서 사람들은 임시적인 삶의 태도에 물들어 되는대로 살아가게 됩니다. 되는대로 살아가는 사람들은 늘 본능에 끌려다닙니다. 사랑에 빠진 사람들이 진정 살만한 가치가 있고 인간다운 삶을 파트너와 함께 차곡차곡 쌓아 올리려 하는 대신 그저 순간을 즐기고 아무것도 놓치지 않으려는 데만 혈안이 되는 것도 비슷한 맥락에서 이해할 수 있습니다. 세월을 견디지 못하고 파탄 나는 결혼들, 전쟁 기간 동안 맺어진 전형적인 결혼들은 바로 이런 임시적인 태도에서 파생된 것입니다. 이런 결혼의 당사자들에게는 성생활이라는 게 단지 쾌락이라는 목적을 위한 수단에 불과한데, 그래서는 안 되지요. 정상적인 경우라면, 그리고 이상적인 경우라면 성생활은 사람들이 사랑이라 부르는 합일 상태의 표현 수단이 되어야 합니다.

임시적 삶의 태도에서 우리는 아직도 벗어나지 못했습니다. 오늘날의 사람들은 그들대로 일종의 원자폭탄 공포증에 지배되고 있습니다. 요즘 사람들은 언제 떨어질지 모르는 원자폭탄을 쉴 새 없이 힐끔거리면서 살아가는 것 같습니다. 불안에 가득차서 폭탄이 떨어질 순간을 기다리는 거지요. 우리 의학자들이 '예기불안'이라고 부르는 이 불안 역시 사람들이 목표 지향적 삶을 사는데 방해가 됩니다. 사람들은 임시적으로 살아가면서 자신이 무얼 놓치고 있는지, 그리고 자신이 모든 것을 놓치고 있음을 알아차리지 못합니다. 비스마르크가 언젠가 말한 대로입니다. "인생이란 치과 의사 아래서 입을 벌리고 있는 것과 마찬가지다. 진짜는 이제야 닥칠 거라고 믿지만 정신 차리고 보면 이미 다 끝나 있다."고요. 진짜 재앙이 이제 닥칠 거고 현재는 부질없다 믿는 사람들은 얼마나 어리석습니까! 설사 제3차 세계대전이 일어나 전 지구적 재난이 닥친다 해도 우리가 날마다, 매시간마다 기울이는 노력들은 헛된 것이 아닙니다.

지난 세계대전 때 우리는 충분히 어려운 상황들을 겪었습니다. 하지만 무사히 헤쳐 나갈 수는 없을 거라고, 죽음이 바로 저기 도사리고 있다고 예측되는 상황에서 자신의 몫을, 자신의 사명을 수행하려 노력하던 사람들이 있었습니다. 강제수용소에서의 극한 생명의 위협에서도 이 사람들은 자신들의 수용소 삶을 임시적인 것이나 단순한 에피소드로 여기지 않았습니다. 그들에게는 수용소의 삶이 오히려 시험대이자 그들 존재의 최고점이었으며 가장 높이 도약할 기회였습니다. 헤벨이 했던 말을 생각해 봅시다. "삶 자체가 대단한 것이 아니다. 삶은 대단한 것을 위한 기회일 뿐"이라고 말했었죠. 일단 주어진 사명을 완수하고 나면 우리는 더 이상 걱정할 필요 없습니다. 노자의 말을 인용하자면 "하나의 사명을 완수한다는 것은 곧 영원을 얻는 일"입니다.

우리가 행한 일들 중 남들이 기념비를 세워주는 것은 무척 드뭅니다. 그리고 기념비라고 영원히 서 있는 것도 아니지요. 하지만 모든 행위는 그 자체로 기념비가 되는 겁니다! 우리가 행한 것뿐 아니라 경험한 모든 것을 세상의 어떤 힘으로도 앗아갈 수 없습니다. 시인이 말했듯이요. 한번 일어났던 일은 그 무엇으로도 이 세상에서 소멸시킬 수 없습니다. 그렇기에 일단 한번 이 세상에 행해졌다는 사실이 그토록 중요한 것 아니겠습니까? 얼핏 세월 속에 사라지는 것처럼 보이더라도 사실은 세월 속에 보존되고 새겨져서 소멸을 피하게 되는 겁니다. 과거 속으로 침잠한 것은 영원히 되찾을 수 없게 소멸된 것이 아니라 오히려 영원히 잃을 수 없게 보존됩니다. 흔히 사람들은 이미 수확이 끝난 텅 빈 들판을 보며 덧없다 여기지만 정작 과거의 수확물로 꽉 찬 헛간은 보지 못합니다.

어떤 상황도 임시적 삶의 태도를 정당화하지 못합니다. 설사 죽음이 다가오는 상황이라 해도 삶은 의미 없지 않습니다. 그럴 때일수록 사람은 아주 구체적이고 개인적인 과업을 부여받습니다. 설사 그 과업이 진짜 운명이 주는 고통을 당당하게 견뎌내는 것에 불과하더라도요. 이를 증명하기 위해 예를 하나 들겠습니다. 무척 근면하던 간호사가 암에 걸렸는데 수술로도 종양을 제거하지 못했습니다. 그녀가 죽기 얼마 전 제가 방문하니 간호사는 깊은 절망에 빠져 있었습니다. 무엇보다도 그녀가 괴로워했던 것은 자신이 그토록 사랑했던 직업을 더 이상 수행할 수 없다는 사실이었습니다. 절망이 너무나 납득이 가는 상황에서 제가 뭐라 말을 해야 했을까요? 이 간호사의 상황은 그저 모든 희망이 사라진 채였습니다. 그럼에도 불구하고 저는 그녀에게 다음과 같은 말을 들려주었습니다. 당신이 하루 여덟 시간을 일하든 더 일하든 그건 예술이 아니다. 곧 누군가는 대신할 수 있을 거다. 하지만 당신만큼 자신의 일을 사랑하고 설사 일을 할 수 없는 처지가 되더라도 절망하지 않는 것은 대단한 성취고 누구도 쉽게 따라하지 못할 거라고요. 그리고 저는 그녀에게 물었습니다. 병들고 쇠약해져 일할 수 없는 사람들의 삶이 무의미한 양 군다면 바로 당신이 간호사로서 전 생애 동안 헌신했던 수천 명의 환자들을 매도하는 것 아니겠냐고요.

"당신의 상황에 절망하고 인간의 삶의 의미가 오로지 몇 시간 동안 일할 수 있는지에 달린 양 구는 것은 모든 병들고 쇠약한 사람들의 삶의 권리와 존재의 가치를 부정하는 겁니다. 실상 당신은 유일무이한 기회를 얻었습니다. 당신이 여지껏 보살폈던 사람들을 더 이상 직업적으로는 도울 수 없다 해도 지금의 당신은 그들에게 더 큰 도움이 될 기회를 얻었습니다. 바로 인간적인 견지에서 다른 병자들의 모범이 됨으로써요."

이 예가 보여주는 또 다른 교훈은 절망한 이들은 막판에는 단 하나의 가치, 단 하나의 의미를 절대화해서 숭상한다는 겁니다. 그것이 직업이었다면 그것은 상대적인 가치일 뿐이지 결코 존재에 의미를 부여할 수 있는 유일한 가능성은 아닙니다.

이상이 임시적 삶의 태도에 대한 이야기였습니다. 하지만 그걸 넘어서 어떤 상황과 조건 아래서도, 삶의 어떤 순간에도, 가장 극단적인 경계 상황에도 사명을 통해 자신의 삶의 의미를 볼 수 있는 가능성에 대한 이야기이기도 했습니다. 설사 그 사명이 단지 그 힘든 상황을 받아들이는 것뿐이라고 해도 말입니다. 삶이란 결코 무의미해질 수 없음을, 고통마저도 의미의 가능성을 품고 있음을 기억한다면 삶에 대해 임시적인 태도를 취할 수는 없을 겁니다. 그리고 원자폭탄마저도 우리를 공포로 마비시키는 대신 원폭이 결코 사용되지 않게 모든 개개인들이 발 벗고 나서라는 사명을 부여할 것입니다.

그리고 원폭의 사용을 막는 가장 좋은 방법은 하나입니다. 앞에서 원폭 공포증을 의학 용어를 써서 예기불안 신경증이라 칭했습니다. 예기불안의 본질적인 특징은 두려워하는 그 일이 정말로 일어나게 만들어버리는 데 있음을 잊어서는 안 됩니다. 예를 들어 얼굴이 빨개질까봐 두려워하는 사람은 이 걱정 때문에라도 얼굴이 빨개지고 맙니다. 그러므로 모든 불필요한 공포 조장과 재난에 대한 집단적인 불안에 저항해야 합니다. 그리고 이를 위해서는 심리학적인 견지에서 어떻게 원폭 공포증과 같은 현상을 다루어야 할지에 대한 지식이 필수적입니다. 다음 강연 때는 또 다른 집단신경증적 증상인 광신주의를 심리학적 견지에서 다루겠습니다.

대중과 영도자

심리치료에 관한 지난 두 번의 강연에서 시대정신의 병리 증상들을 언급했습니다. 첫 번째는 숙명론이었고, 두 번째는 제가 임시적 삶의 태도라 이름 붙인 것이었지요. 어떤 의미에서 이 두 증상은 상호보완적 관계입니다. 하나를 뒤집으면 다른 하나가 됩니다. 자세히 살펴보면 숙명론자의 입장은 '행동하는 것도 자기 운명을 개척하는 것도 불가능하다, 왜냐면 운명의 힘을 거스를 수 없으니까' 라는 것입니다. 그래서 숙명론의 입장을 취하는 사람들이 행동하는 것은 불가능하다고 말하는 반면 임시적으로 살아가는 사람들은 이리 생각합니다. '행동 같은 거할 필요 없어, 내일 무슨 일이 닥칠지 알지도 못하는데' 라고요. 미래를 위해 행동하고 계획하고 목적성 있게 살아가는 것이 무의미하고 불필요해지며 그저 하루하루를 버티면 그만입니다.

오늘은 집단적 신경증의 세 번째 증상에 대해 이야기해보겠습니다. 물론 신경증 개념을 집단에 전이해서 표현하는 것은 일정한 맥락에서만 근거가 있지만요. 그 맥락에 대해서는 앞에서 이미 다룬 바가 있지요. 이 세 번째 증상은 집단주의적 사고라는 것으로 시시각각 퍼져나가는 중입니다. 하지만 우선은 집단주의적 사고나 집단주의라는 개념을 올바르게 이해하는 게 중요합니다. 아무리 강조해도 모자람이 없는 사실인데 집단주의의 집단을 공동체나 사회라는 뜻으로 생각해서는 안 됩니다. 우리가 집단이라는 단어로 말하고자 하는 것은 그와 대조되는 개념인 대중입니다.

공동체와 대중 사이의 차이점은 극구 강조할 필요성이 있습니다. 차이점을 나누는 첫 기준은 마침 이 강연의 주제와 관련하여 가장 핵심인 부분입니다. 공동체와 대중이 각기 사람들의 개인성, 더 정확히 표현하자면 사람들 고유의 개인성과 어떤 관련을 맺느냐는 차이입니다. 우선 모든 공동체는 개개인을 필요로 하고 개인들 역시 공동체의 틀 안에서 자아를 실현하기 위해, 즉 스스로를 완성하기 위해 공동체를 필요로 합니다.

대중의 경우는 다릅니다. 대중 속에서는 인간의 개인성은 고사하고 개인적 특성을 펼치거나 인정받는 것도 불가능합니다. 그리고 대중 집단 안에서는 개인성은 필요가 없을 뿐더러 방해만 됩니다. 그래서 대중은 개인성과 맞서 싸우고 개성을 억압하고 개인의 자유를 말살하고 자유 대신 평등을 내세웁니다. 삐죽

튀어나온 개성은 깎여서 밋밋해지고 개인성은 동질화 과정을 거쳐 사라집니다. 대중 집단 속에서 개인적 자유는 개인성이 결핍된 평등을 위해 희생됩니다. 그렇다면 흔히 자유, 평등과 함께 이어지는 휴머니즘적 이념인 박애는 어떻게 될까요? 박애는 퇴화하여 떼거리 근성이 됩니다.

이 시대의 신경증 증상들에 완전히 먹히지는 않았더라도 다들 얼마씩은 시달리고 있는 평균적인 보통사람들은 어쩌다 집단주의적 사고방식에 빠져든 걸까요? 이는 우선적으로 그 사람이 책임을 꺼리기 때문입니다. 그리고 책임이란 매우 개인적인 것이죠. 아울러 우리가 겪은 전쟁 동안에는, 특히 군국주의의 기간 동안에는 적당히 물살에 떠밀리며 사는 법을 배워야만 했습니다. 적당히 떠밀린다는 건 아예 그 사람들 스스로 쓰는 표현입니다. 어떤 상황에서도 눈에 띄지 않는 것, 무슨 수를 써서라도 모습을 감추는 것, 대중 속으로 녹아 들어가는 것이 그때는 중요했습니다. 그리고 오늘날의 일반적인 사람들은 아직도 대중 속에 녹아들어가고 싶어 합니다. 하지만 정말 심각하게 벌어지는 일은 뭘까요? 대중 속으로 녹아 들어가는 게 아니라 녹아 없어지는 겁니다. 개인적 존재이기를 그만두게 되는 거지요.

왜냐면 대중이란, 그리고 공동체란 개인적 존재일 수 없기 때문입니다.

하지만 자유를 발휘할 수 있고 그로 인해 책임을 지는 것은 오로지 개인뿐입니다. 그리고 개인들만이 자유로운 결정과 책임 있는 행동에 따르거나 공헌을 쌓을 수 있습니다. 반면 근본적으로 비개인적인 존재인 집단은 죄도 지을 수가 없습니다. 따라서 소위 집단의 죄란 존재하지 않습니다. 한 집단을 통째로 판결하거나 선고를 내리는 사람은 그저 눈 가리고 아웅 하는 것뿐입니다. 판단이나 선고와 결부된 책임을 빠져나가려는 거지요.

본인 성격상 유독 집단주의에 이끌리는 사람들의 유형을 탐구하다 보면, 시대정신의 병리학 관점에서 네 번째 증상이자 마지막 증상인 광신주의에 이르게 됩니다. 앞에서 얘기한 집단주의를 뒤집으면 또 광신주의가 나옵니다. 집단적으로 사고하는 사람이 자신의 개인성을 잊어버린다면 광신주의적 태도를 가진 이들은 다른 생각을 가진 사람들도 인간임을 간과합니다. 그는 다른 사고라는 것을 인정하지 않습니다. 그가 인정하는 것은 다른 이의 견해가 아니라 자신의 의견뿐입니다. 그러나 사실은 그에게는 자신의 의견이라는 것도 없습니다.

대신 공공의 의견이 그를 집어삼키는데 이것이 광신주의가 그토록 위험한 이유입니다. 광신주의자가 공공의 의견을 쉽게 자신의 의견으로 만들 수 있듯 반대로 몇몇 소수의 인간이 제 의견을 공공의 의견으로 만드는 것도 가능합니다! 이 소수의 인간들은 집권자들일 때도 있고 더 흔한 경우로 한 명의 집권자, 한 명의 영도자일 때도 있습니다. 히틀러가 언젠가 사적인 자리에서 했다는 "사람들이 스스로는 생각하려 들지 않고 남들이 생각해주는 대로 받아들이기만 하는 건 집권자들에게 참 행운이야."

와 같은 말은 이 맥락에서 이해 가능합니다.

정신과 의사들은 이미 광신주의 인간형을 접해보았습니다. 수해 전 노르웨이의 법무부는 정신과 의사들을 소집해서 6만 명이 넘는 왕년의 크비슬링 지지자들을 진단하게 했습니다. 그 결과는 어땠을까요? 결과 중 하나를 들어보면 광신주의자들 사이에서는 중풍환자와 편집광, 그리고 편집증적 정신질환자의 비율이 일반인들보다 두 배 반 높게 나왔습니다. 따라서 정치가들을 정기적으로 정신 진단을 시켜봐야 한다는 흔한 주장은 효력을 잃게 됩니다. 실행 자체도 힘들 뿐더러 실행해봤자 이미 늦습니다. 하려면 애당초 그 정치가들을 지지한 사람들을 정신 진단해봐야죠.

광신주의의 문제로 돌아와 광신주의자들이 다른 사람들이 인간임을, 즉 다른 이들의 선택의 자유와 인간적 존엄성을 무시한다는 점을 기억해보면 히틀러가 "정치란 무슨 속임수든 허용되는 게임이다."라고 한 말이 떠오릅니다. 실제로 제가 보기에는 광신주의자들을 결정짓는 가장 큰 특징은 그들이 모든 것을 목적을 위한 단순한 수단, 단순한 속임수로 여긴다는 데 있습니다. 그들은 목적이 수단을 정당화한다고 생각합니다. 그러나 실제로는 그 반대로 수단이 목적의 정당성마저 잃게 만들어버린다는 것이 옳습니다.

그리고 세상에는 결코 그 가치를 잃고 단순한 수단으로 굴러떨어져서는 안 되는 것들이 있습니다. 인간은 결코 목적을 위한 단순한 수단으로 전락해서는 안 됩니다. 그러나 그런 일은 언제고 벌어지고 맙니다. 특히 인간을 존중하는 대신 정치적 목적을 위해 인간을 개조하려 드는 광신주의 체제에서는 더욱 자주 일어나지요. 그러한 광신적 체제 아래에서는 인간이 정치의 도구가 됩니다. 본래는 그 반대로 정치가 인간을 위한 도구가 되어야 함에도 불구하고요.

앞서 말했던 공공의 의견은 광신주의적 인간들을 집어삼킵니다. 아울러 이 공공의 의견은 구호의 형태로 나타납니다. 구호들은 대중에게 던져지는 즉시 일종의 연쇄반응을 일으킵니다. 이 심리적 연쇄반응은 원자폭탄의 메커니즘을 이루는 물리학적 연쇄반응보다 더 위험합니다. 대중들이 표어에 지배되어 심리적 연쇄반응을 먼저 일으키지 않는 한 원자폭탄이 정말로 가동되지는 않을 테니까요. "인류에게 구호가 없다면 무기도 없을 것"이라 말한 칼 크라우스가 옳습니다. 특히 원자폭탄에 관해서는 아인슈타인이 핵심을 이렇게 찔렀습니다.

"문제는 원자폭탄이 아니라 사람들의 정신이다."

이제까지 특정 맥락에서 집단적 신경증 증상이나 시대정신의 병리학이라 말할 수 있는 것들의 이야기를 했습니다. 이 주제도 막바지에 접어들었습니다. 비유적인 의미에서라면, 어디까지나 비유적인 표현입니다만 이것들은 정신적 역병이라고도 할 수 있겠는데 특히 광신주의의 예가 그렇습니다. 심리적 역병이 육체적 역병과 다른 점은 딱 하나인데 그게 또 무섭습니다. 육체적 역병은 흔히 전쟁의 어쩔 수 없는 결과지만 심리적 역병은 전쟁의 결과일 뿐 아니라 전쟁의 원인 또한 될 수 있습니다. 이런 연유에서 정신적 위생이 극구 필요한 것입니다!

이 집단적 신경증 증상이 얼마나 심하게 퍼져 있을지 자문해 봅시다. 이와 관련해서 저는 조수들에게 테스트를 맡겼는데, 설문의 대상이 된 사람들은 엄밀한 의학적 견지에서는 신경증을 앓지 않는 이들이었습니다. 임시적 삶의 태도에 관한 질문은 "어차피 원자폭탄이 터지면 모든 것이 사라질텐데 애써서 운명을 개척해봤자 달라지는 게 있을까요?"라는 것이었습니다. 두 번째 증상인 숙명론적 인생관의 질문은 "인간이 결국은 외적 내적인 힘들에 의해 굴러가는 장난감 공과 같다고 생각하십니까?"라는 거였고, 집단주의적 사고의 질문은 "튀어서 주목을 끌지 않으려 노력하는 게 제일 중요하다고 믿으십니까?" 하는 것이었습니다. 그리고 함정의 성격이 짙은 광신주의에 대한 질문은 다음과 같았습니다. "의도가 훌륭한 사람은 그가 합당하다고 판단하는 수단을 모두 사용해도 될까요?" 제 조수들이 수집한 결과에 의하면 집단적 신경증의 네 가지 증상에서 모두 자유로웠던 사람은 한 명뿐이었고 설문의 대상자 중 절반 이상은 네 가지 증상 중 셋 이상을 보였습니다.

이와 같이 감정적 갈등뿐 아니라 정신적 판단의 문제, 이를테면 양심의 갈등도 신경증을 불러일으킬 수 있습니다. 그렇기에 양심의 갈등을 느끼는 사람은 광신주의에, 그리고 집단적 신경증에 아직은 걸리지 않은 것입니다. 뒤집어 생각하면 집단적 신경증을 앓는 사람, 예를 들어 정치적 광신도는 양심의 소리를 다시 들어 양심의 가책을 느끼게 되는 순간 집단적 신경증을 극복해낼 힘이 생깁니다. 수년 전 저는 의사들의 학회에서 이 주제로 이야기했는데, 그중에는 특히 전체주의적 체제에서 살아가던 동료들이 있었습니다. 강연 후 그들은 제게 와서 말했습니다.

"당신이 말한 증상을 우리도 잘 압니다. 우린 그걸 당관료병이라고 부른답니다. 많은 당관료들이 시간이 지나면서 점점 양심의 압력을 이기지 못하고 신경발작을 일으킵니다. 하지만 그로써 그들은 정치적 광신주의에서는 치유가 됩니다."

노화의 정신위생

요즘 들어서 인구 고령화에 대한 이야기가 많습니다. 나이 든 층의 비율이 높아지는 동안 젊은 세대의 비율은 줄어든다는 뜻이지요. 오늘날 사회의 연령 구조 변화에 기인하는 인구정책적, 사회의학적 결과에 대해서는 그다지 말을 않겠습니다. 저는 이 팩트를 심리치료와 정신위생의 관점에서, 즉 정신의학적 질병 치유와 질병 예방의 관점에서 관찰하려 합니다.

간단한 질문에 대한 간단한 답이 다음의 사례만큼이나 의미심장하기도 힘들 겁니다. 요양소에 수용된 늙은 여인에게 어느 날 지인이 방문해서 대체 뭘 하며 시간을 보내냐고 물었습니다. 답은 이랬지요.

"뭘 하냐니요. 밤에는 자고 낮에는 시들시들 죽어갑니다."

이것이 무슨 뜻일까요? 아무 일도 하지 않는 것은 시들시들 죽어가는 거라는 소리에 다름 아니지요. 단순한 생존이 아니라 그걸 넘어선 인간다운 삶에 대해 조금이라도 생각해본 사람이라면 단지 생존 이상의 절실함이 필요하다는 것을 인정할 것입니다. 지난 강연들에서 내내 이야기했던 모든 인간들이 타고나는 의미를 찾고자 하는 의지, 누구의 마음에나 잠재되어 있는 존재에 의미를 채우고자 하는 욕구를 생각해보십시오.

삶의 목적과 존재의 의미를 찾고자 하는 노력이 무산되면 감정적 영역에서만 공허에 시달리는 게 아니라 삶의 전체적 과정을 이루는 육체적 토대가 흔들리게 됩니다. 은퇴 후 이전 직업만한 심리적 가치를 주는 대체 활동을 찾지 못한 사람들이 대체적으로 조만간 병에 걸려 시들어가다 비교적 일찍 사망하고야 마는 일들은 잘 알려져 있습니다. 하지만 반대의 사례들도 눈에 띕니다. 사명, 특히 매우 구체적이고 개인적인 사명을 가졌음을 자각하는 노인들은 정신적으로 건강할 뿐 아니라 육체적 질병에도 잘 안 걸리고 그래서 의욕없는 생활과 거리가 멉니다.

이 주장을 뒷받침하기 위해 무수한 병례들을 들 수도 있습니다. 하지만 병례 대신 문학사의 예를 들어보지요. 괴테는 고령에 이르러 일곱 해 동안 《파우스트》의 2부를 완성하기 위해 일을 하면서 1832년 드디어 원고를 묶고 인장을 찍을 수 있었습니다. 7년 동안의 작업이 끝난 것은 1832년 1월이었지요. 그리고 그 해 3월에 그는 사망했습니다. 육체적 죽음이란 면할 수 없지요. 하지만 연기될 수는 있습니다. 그리고 그가 생애를 바친 작품이 완성될 때까지 그의 죽음은 연기되었습니다. 이 일곱 해 동안 괴테는 그의 생물학적 조건을 뛰어넘어 살았던 겁니다.

병례 대신 문학적 예를 든 김에 자연과학의 예로 잠시 빠지겠습니다. 서커스에 출연하기 위해 훈련받는 동물들은, 즉 특정한 사명까지는 아니더라도 적어도 특정한 임무를 수행해야 하는 동물들은 동물원에서 사육되는, 즉 할 일이 없는 동족들보다 평균적으로 오래 산다고 합니다.

다시 인간들에게로 돌아와 방금 말한 데서 교훈을 뽑아봅시다. 정신위생의 차원에서 은퇴를 강요당한 고령자들을 하릴없이 시들게 버려두지 말고 다른 형태로라도 일을 할 수 있는 기회를 주어야 한다고 부단히 외쳐온 스트란스키 교수의 주장은 경청할 만합니다. 그 활동이 공동체에도 이득이 됨을 스트란스키는 증명했습니다. 제가 여기서 특히 강조하고 싶은 것은 공동체에 대한 이바지가 심리적으로도 큰 의미를 가진다는 점입니다. 무언가 일을 한다는 것은 노인들에게 고령에도 불구하고 자신들이 의미 있는 존재라는 느낌을 준다는 데서 내적 가치를 갖는다는 게 제 견해입니다.

'자신이 쓸모 있고 살만한 가치가 있다는 느낌이 심리적으로 그렇게까지 중요한지는 뚜렷이 증명된 건 아니잖은가' 하고 생각하시는 분들이 많을지도 모르겠습니다. 그래서 제가 예전에 실업신경증이라 명명하고 치유를 시도한 바 있는 실업자들의 심리를 예로 들어 설명해드리겠습니다.

1933년, 즉 세계경제공황의 시기에 빈의 정신의학자 빌러-쉴러 라차르스펠트와 차이젤은 어느 심리 학술지에 마리엔탈의 실업자들에 대한 논문을 게재했습니다. 거기서 그들은 실업이 사람들의 정신적 삶에 얼마나 치명적인 해를 끼치는지 보여주었습니다. 하지만 결국 그건 파스칼이 이미 300년 전에 했던 소리입니다. 명상록에는 이런 문장이 있습니다. 사명 없고 목적 없는 상황만큼 인간들에게 견딜 수 없는 것도 없다고. 좀 더 생각해보면 이 문장은 제가 예전 강연에서 내세웠던 명제의 다른 표현입니다. 파스칼은 사명 없는 삶을 견딜 수 없다고 했다면, 저는 수행할 임무가 있다는 자각만큼이나 인간이 어떤 어려움도 이겨낼 힘을 주는 것도 없다고 말하겠습니다.

제가 실업신경증을 다루는 과정에서 했던 관찰들은 제 주장을 분명히 증명해 줍니다. 앓던 사람들은 대부분 젊은이들로 일단 얼핏 보기에는 실업 때문에 매우 심각한 우울상태에 빠져 있었습니다. 다들 나라도 그러겠다고 여기실 겁니다. 하지만 우선적으로 제 주의를 끄는 것은 겉보기에 우울증의 원인이었던 실업 상태와 우울증이 꼭 같은 기간 동안 지속되지는 않았다는 사실입니다. 설사 실업 상태는 이어지더라도 우울함은 말끔히 치유될 수 있었습니다. 젊은이들의 우울한 상태는 그들이 성인 교육기관이나 대중도서관, 혹은 청소년 단체에서 자원봉사하는, 즉 돈을 전혀 받지 않는 자원봉사 과업을 얻는 순간 사라졌습니다. 드디어 그들은 훌륭한 사명에 봉사하면서 자신이 더 이상 쓸모없는 존재가 아니라는 느낌을 얻을 수 있었던 겁니다. 이 젊은 이들은 종종 저에게 자신들은 돈도 그렇게까지 필요한 건 아니고 대신 삶의 의미와 존재의 의미를 원하는 거라고 확언했습니다. 그리고 이게 가장 중요한 점인데 그것은 밥벌이나 채용 조건과는 무관하게 얻어질 수 있습니다. 삶의 의미를 찾아서 우울을 극복한 이들 중 많은 수는 그 후에도 돈을 벌지 못하고 먹을 것이 없어 배를 곯았지만 부정적인 기분은 많이 사라졌습니다.

이런 연유에서 저는 스트란스키의 정신의학적 주장에 대해 낙관적입니다. 나이 든 사람이 꼭 돈을 받는 일을 해야 수명이 길어지고 면역성이 커지는 게 아니라는 얘기지요. 스트란스키의 제안의 맥락에서는 자원봉사 활동도 충분히 효용이 있습니다.

정신의학적 견지에서는 어떤 사람이 나이가 어떻게 되는지는 중요하지 않습니다. 훨씬 중요한 것은 그 사람이 스스로를 헌신할 무언가로, 노령에도 불구하고 예나 지금이나 가치 있고 살만한 삶을 이룰 수 있는, 다른 말로 내적으로 자아를 채울 수 있는 무언가로 시간과 의식을 채울 수 있느냐 하는 것이지요. 그리고 인간의 삶에 의미와 가치를 선사할 활동이 돈벌이와 이어지는지의 여부도 중요하지 않습니다. 정신의학적 견지에서 결정적인 것은 오로지 한 가지, 아무리 나이를 먹었더라도 인간이 그 활동을 통해 자신이 무언가, 혹은 누군가를 위해 존재한다는 느낌을 얻을 수 있느냐 하는 것입니다.

원숙의 정신위생

제가 나이 들어가는 사람들의 정신위생에 대해 이야기할 적에는 사정상 주로 남성들이 늙어갈 때 부딪치는 문제를 다루었습니다. 이제 나이 들어가는 게 아니라 원숙해져가는 사람들에 대해 이야기할 때는 자연히 여성들 쪽을 향하게 됩니다. 여기서 우리는 여성, 특히 '원숙한 나이'의 여성들과 관련된 문제들을 마주합니다. 왜냐하면 소위 말하는 '중년의 위기'에 대해 널리 퍼진 공포는 '원숙'과 '노화'를 혼동하는 데서 많은 부분 기인하기 때문입니다. 그리하여 이 나이대에 이르는 많은 여성들은 자신이 이제 늙어가기 시작한다는 생각에 소위 폐장 공포(더 이상 파트너를 얻지 못하리라는 불안)에 시달립니다.

어떤 면에서는 늙어간다는 것도 일리가 있습니다. 하지만 그리 따지자면 우리는 이미 그보다 더 전부터 늙기 시작합니다. 일례로 정신의학자 샤를로테 빌러는 우리의 신체 기관들은 우리의 정신적 삶이 정점에 겨우 근접하기 시작할 무렵 벌써 노화하기 시작함을 밝혔습니다. 다른 말로 하자면 우리의 경력이 상승세를 탈 무렵에 생물학적으로는 이미 하강세입니다. 따라서 폐장 공포증에 시달리는 사람들은 당장 눈앞에서 문이 닫혀버리는 것처럼 보이더라도 사실은 다른 곳에서 새로운 문, 새로운 기회들이 또다시 열리고 있음을 망각하고 있는 겁니다. 무슨 대가를 치러서라도 젊어 보이기 위해 악착같이 애를 쓰는 여성들이나 나이 드는 것을 두려워합니다.

폐장 공포 역시 일반적인 다른 불안들과 닮은 데가 있습니다. 모든 불안은 결국에는 죽음에 대한 불안이라는 주장이 있습니다. 저는 여기에 보충하고 싶습니다. 죽음에 대한 불안은 사실은 양심의 불안이라고요. 제 주장을 더 보충하자면 부정적인 양심의 가책이라는 것도 존재합니다. 그것은 당장의 행위와 행동에 대한 가책이 아닌 인생에서 이미 놓쳐버린 기회에 대한 가책입니다.

의미를 찾고자 하는 의지에 대해 이야기했던 것을 기억해봅시다. 쾌락에의 의지, 즉 정신분석학의 쾌락 원칙과 권력에의 의지, 즉 개인심리학의 인정받고자 하는 욕구에 대비되는 개념이었지요. 그리고 의미를 채울 수 있었던 기회를 놓친 것에 대한 애석함은 바로 이 의미를 찾고자 하는 의지에서 기인함이 분명해집니다.

여성이 자신의 존재에 의미를 부여할 수 있는 가능성은 주로 두 가지가 있습니다. 아내 역할과 어머니 역할이지요. 그것들이 가치 있는 일임에는 의심의 여지가 없습니다. 하지만 여성의 삶에 의미를 줄 수 있는 이 두 가능성이 상대적 가치라는 특성을 잃어버리고 절대화되면, 즉 우상시되면 불행이 닥칩니다. 어느 여성이 아내와 어머니가 되는 게 가치들 중 하나가 아닌 유일한 가치라고 여기게 된다면요.

예전에도 한 번 언급했듯이 절대적인 우상화란 곧 절망으로 빠지는 길입니다. 혹은 뒤집어 말하자면 절망의 근저에는 우상화가 깔려 있습니다. 그 결과의 위험함은 숨길 수 없습니다. 결혼하지 않고 아이를 낳지 않는 여성들도 많습니다. 이 '남은' 여성들 중 상당수는 자신이 불필요하다고, 자신의 삶은 쓸모없고 자신의 존재는 의미 없다고 여기게 될 겁니다. 왜냐면 남편과 아이 없는 삶은 의미가 없다고 생각하게 될테니까요. 그리고 이리 생각하게 된 여성이 자살을 하느냐 마느냐는 그저 그녀의 개인적인 논리 인과에 달린 시간문제가 됩니다. 그녀가 마침내 자신이 하마터면 희생양이 될 뻔한 우상화의 정체를 제때 꿰뚫어보지 못한다면요. 이 우상화를 되돌린 후에야 그녀는 절망에서도 벗어날 수 있습니다.

천만다행으로 절망에서 자살이라는 논리적 인과를 끌어낼 정도로 철두철미하게 논리적인 사람들은 적습니다. 대부분은 다행히 이 마지막 걸음은 피해 다른 길을 갑니다. 도피라는 길을요.

절망을 마주치지 않기 위해 택하는 첫 길은 '평가절하'입니다. 평가절하의 본보기 우화에서 포도가 실 거라고 주장하는 여우처럼 사랑과 결혼, 아이 같은 것들을 흰 눈으로 보게 되는 겁니다. 평가절하라는 단어는 삶에 대한 시기로 옮길 수 있습니다. 이 경우는 사랑에 대한 시기라고도 할 수 있겠지요. 딱 떠오르는 것은 히스테릭한 노처녀나 사랑받지 못한 욕구를 위선적인 보수성과 음탕함이 뒤섞인 태도로 푸는 유형의 사람들입니다.

결혼하지 않고 아이를 가지지 않은 여성들이 절망을 피하는 길은 의식적으로 단념을 성취하는 것입니다. '단념을 성취한다'는 표현은 그것이 우리가 추구하고 달성하는 단계, 노력하여 이루는 과업임을 보여줍니다. 단념이란 우상화를, 그리고 절망을 피하는 하나뿐인 방도이며 동시에 상대적인 가치는 상대적일 뿐임을 통찰하는 행위기도 합니다.

꽤 추상적으로 들리니 좀 더 구체적으로 옛 중국 속담을 하나 인용하겠습니다. 그 속담이 이르기를 남자는 모름지기 살면서 나무 한 그루를 심고 책 한 권을 쓰고 아들 하나를 낳아야 한답니다. 이에 집착하자면 대다수의 남성들은 절망에 빠진 후 논리적인 인과로 자살을 해야 합니다. 속담이 요구하는 대로 진정한 의미 있는 삶을 살았던 사람은 극히 소수일테니까요. 설사 나무는 심어본 사람이라도 책은 쓰지 않았거나 딸만 있을 수도 있고 반대의 경우도 있겠지요. 하지만 나무를 심는 일, 책을 쓰는 것, 아들을 낳거나 아버지가 되는 것은 놔두고 어머니가 되는 일만을 우상시한다 해도 삶에 의미를 부여할 수 있는 다른 가능성들이 열려 있지 않다면 이 얼마나 궁핍한 삶입니까. 그리고 이 말은 해야겠네요. 결혼하고 아이를 낳고 나무를 심고 책을 쓰는 일에 모든 의미가 걸려 있는 삶이란 대체 뭐 하는 삶입니까?

물론 이 모든 것들은 가치 있는 일입니다. 정말로 가치 있지요. 하지만 상대적인 가치입니다. 절대적인 가치란 오로지 하나, 우리들의 양심의 요구뿐입니다. 양심은 우리에게 어떤 상황과 조건에서도 운명에 맞서라고, 그것이 어떤 운명이든 간에 당당하라고 요구합니다. 그리고 양심은 우리가 스스로 운명을 만들어가기를, 행동하여 가능한 한껏 운명을 손에 쥐라고 명합니다. 또한 만약 필요하다면 운명을 받아들일 자세를 갖추라고, 진짜 운명이 주는 고난을 꼿꼿이 견뎌내라고 합니다.

우리가 행동함으로써, 혹은 행동이 불가능할 시에는 올바른 태도를 갖춤으로써 운명을 맞았다면 우리는 우리 몫을 한 겁니다. 설사 우리가 한 행동이 잘못되었을지라도 이전의 우리 자신에게 거리를 두고 스스로를 넘어 성장하는 태도로 모든 것에 의미를 부여할 수 있습니다.

그 후에는 더 이상 양심의 가책도 없습니다. 우리가 한 일과 관련된 긍정적인 가책도, 우리가 해내지 못한 것에 대한 부정적인 가책도요. 그리고 폐장 공포도 발붙일 데가 없어집니다. 왜냐면 폐장 공포란 언젠가 언급했던 시각적 착각에서 연유하는 것일 뿐이니까요. 흔히 사람들은 이미 수확이 끝난 텅 빈 들판을 보며 덧없다 여기지만 정작 과거의 수확물로 꽉 찬 헛간은 보지 못합니다. 되돌릴 수 없게 잃어버린 것이 아닌 잃어버리지 않도록 간직된 것들, 과거 속으로 보존된 것들을 보지 못하고 지나치는 겁니다.

모든 것을 떠나보내야 한다고, 이제는 폐장되어 문이 닫혀 버린다고 끊임없이 불안해하는 사람들은 지금 막 닫히는 문이 꽉 찬 헛간의 문임을 잊은 것뿐입니다. 그리고 그런 사람들은 성서의 말씀이 다음과 같이 우리에게 전하는 위안과 지혜도 듣지 못하겠지요.

"지금 수확된 다발들을 들이듯 너 또한 나이 먹어 무덤에 들게 되리라."

최면술

흔히들 근대 심리치료, 현대의 학술적 정신 치유의 시발점을 브로이어와 프로이트가 히스테리에 대한 제목으로 연구서를 출판했던 시기로 잡습니다. 하지만 그것은 다소 자의적인 결정입니다. 심리치료의 효시를 소위 말하는 메스머리즘[1], 즉 안톤 메스머의 학설과 영향력의 발전 단계에서 찾는 것 역시 그만한 근거가 있거든요. 브로이어와 프로이트처럼 메스머 역시 대부분의 활동을 빈에서 했습니다. 메스머는 자신의 학설을 스스로 동물적 자기장설이라고 명명했으나 실상 메스머 자신 시대의 물리학자들이 자기장이라는 이름으로 다룬 자연 현상과도,

---

[1] mesmerism, 오늘날 흔히 말하는 최면요법. 이 최면요법이란 바꿔 말하면, 사람의 의식하는 마음을 명하게 만들어 잠재의식에 직접 작용하는 것을 의미한다. 치료는 전형적으로 긴장을 이완시킨 상태에서 다양하고 절대적인 암시를 주며 극적인 사건이 일어날 것이라는 기대를 갖게 하는 것으로 이루어져 있다.

오늘날 우리가 아는 자기장과도 관계가 없습니다. 메스머가 진짜로 알고 연구한 것은 우리가 오늘날 최면학이라고 부르는 것입니다.

메스머가 겪었던 일은 상당수의 다른 학자들은 물론이고 오늘날의 학자들, 오늘날의 심리치료 전문의들에게도 흔히 벌어지는 일입니다. 이 맥락에서 예를 하나만 들자면 오늘날 정신의학의 한 장을 열고 지난날 정신의학자들의 치유에 대한 니힐리즘을 몰아냈던 충격 요법도 전체적으로 잘못된 이론적 근거에서 출발했지만 실질적인 효용은 경탄할 만합니다. 따라서 분명히 해둡시다. 최면은 자기장과는 아무런 관계가 없습니다. 그렇다면 최면이란 뭘까요?

그것은 정신적인 예외 상태, 사람이 저절로 옮겨가거나 혹은 최면 시술자에 의해 인위적으로 옮겨진 수면과도 비슷한 상태입니다. 정말로 잠들게 하는 게 아니라 단지 잠과 비슷한 상태에 빠져들게 하기 위해서는 어떤 특별한 수단이 필요할까요? 시술 대상을 최면 상태로 이끌기 위해서는 특정한 암시를 줍니다. 다른 말로 정의를 계속하자면 최면이란 암시적 수단으로 유도된 수면과도 비슷한 정신적 예외 상태라 할 수 있습니다. 이때 암시가 언어를 통해 행해지는지 아니면 다른 수단을 거치는지의 여부는 중요하지 않습니다. 즉 제가 시술 대상에게 편안히 누워 눈을 감고 아무 생각도 하지 말라고 말로 암시를 주어 최면을 걸든 아니면 시술 대상의 눈앞에 반짝거리는 물체를 대고 그것을 주시하여 점차 피곤을 느끼게 만들어 최면을 걸든 그것은 별 상관 없습니다.

하지만 최면이라 불리는 것의 근본 특성을 드러내려면 더 보충이 필요합니다. 최면은 암시의 결과일 뿐 아니라 최면을 기반으로 삼아 다음 단계의 암시, 혹은 이리 말해도 된다면 더 대담한 암시를 걸 수도 있습니다.

예를 하나 들어보겠습니다. 제가 어느 신사나 숙녀분의 코앞에 석유가 든 병 하나를 그냥 다짜고짜 열어서 댄다면 그분에게 그게 장미수라고 암시를 걸지는, 쉽게 말해서 향수라고 믿게 만들 수는 없을 겁니다. 하지만 시술 대상이 일반적인 지적 능력을 갖고 있고 이런 실험에 흥미가 있다면 그 사람에게 "당신은 피로를 느낀다. 피로가 심해진다. 팔다리가 점점 무거워진다. 눈이 감긴다." 이렇게 암시를 주어 마침내 수면과도 비슷한 특이한 상태에 빠지게 만드는 건 어렵지 않습니다. 그 후에 그 사람의 코 밑에 석유를 문지른다면 시술 대상이 저를 실망시킬, 혹은 달리 표현하자면 한 방 먹일 가능성은 적다고 예상할 수 있습니다. 제가 "여기 향수가 한 병 있습니다, 냄새가 맡아지세요? 장미 향이네요. 느껴지십니까?" 하고 캐물으면 그 사람은 순순히 대답할 겁니다. "그럼요, 말씀대로죠. 냄새가 나네요. 장미 향이에요."

중요한 사실 하나를 분명히 해두자면, 이런 현상은 오컬트나 영적인 현상 같은 것과는 전혀 상관이 없습니다. 최면, 좀 더 일반적으로 말해서 암시란 수상할 것이 없는 일입니다. 이 과정에 초자연적인 것은 낄 틈이 없습니다. 설사 곡마단 약장수나 정신 의학계의 돌팔이들이 이 자연 현상에 초자연적인 오라를 덧씌워 자신이 초인적인 지식과 능력을 가진 척하더라도 저는 최면에서 신화적인 면을 벗겨내고자 합니다.

이 목적을 위해 저는 마법 장치도 몽땅 끄고 암시 요법의 마술적인 분위기도 모두 걷어내겠습니다. 에른스트 크레취머의 말마따나 치유마법사의 오오라는 자연과학적인 교육 과정을 거친 의사다운 태도와는 양립이 불가능하기 때문입니다. 또한 의사란 제 아무리 환자 쪽에서 그래주기를 바란다 해도 마법사 역할 따위를 뒤집어써서는 안 됩니다. 환자들 중에는 자기 스스로는 선택의 책임을 질 필요가 없는 방식으로 마음의 병을 치유받기를 원하는 이들이 있습니다. 하지만 심리치유의 효과란 결국에는 환자 자신의 개인적 선택에 달려있기 마련입니다.

이제 일반인들이 신경의에게 자주 던지는 몇몇 질문들을 다뤄보지요. 다음과 같은 질문들입니다.

"어떤 사람들이 최면을 행할 수 있습니까? 최면에 걸릴 수 있는 건 어떤 이들이지요? 최면을 걸 자격은 누구에게 있습니까? 그리고 결정적으로 최면을 통해 범죄를 저지를 수도 있나요?"

첫 질문에 답하자면 최면은 필요한 기술적 지식을 습득했고 그 외에 제가 정신의학적 감이라고 부르는 것을 가진 사람이라면 근본적으로 누구나 걸 수 있습니다. 물론 여러 기술적 수단은 의학 교육의 일부입니다.

이 자리에서 시범을 보이지는 않겠습니다. 청취자분들은 그 덕택에 최면요법사가 되는 게 아니라 듣다 잠드실 겁니다. 꼭 지루해서 잠드시는 건 아니더라도요. 그게 나쁜 일은 아닙니다만, 어쨌든 벌써 밤 열한 시고 장담하건데 지금 잠드신다면 제가 최면 후 따로 명령을 하지 않더라도 내일 아침 제때 일어나실 수 있겠지요. 독일 병원 한 곳에서는 최근 환자들에게 전화나 녹음기, 마그네토폰을 이용해 최면을 걸어 고통을 줄여주는 시술을 하고 있습니다. 신화와 기술을 결합하려는 우리 시대의 전형적인 시도지요.

하지만 이 병원에서도 기술화, 기계화된 최면을 집단 요법으로 쓰지는 않고 환자 개인별로 제한하고 있습니다. 그리고 이 점은 중요합니다. 최면이 언제나 무조건적으로 성공하는 것은 아니거든요.

제가 젊어서 빈의 어느 병원 외과에서 의사로 일할 적에 당시 과장이 제게 어느 할머니에게 최면을 행하라는 명예롭고도 전망 있는 과업을 내렸습니다. 과장은 할머니를 수술할 예정이었는데 일반적인 전신 마취는 듣지 않고 사정상 부분 마취로는 해결이 되지 않았습니다. 그래서 저는 이 가엾은 어르신께 최면을 걸어 아무 통증도 못 느끼게 해드리려 시도했고 또 완전히 성공을 거두었습니다. 저는 수술 후 동료 의사들의 찬사와 할머니의 감사를 받았지만, 다만 한 군데서 삐끗했지요. 수술에 참여했던 간호사들이 붙들고 욕을 하기를 제 단조로운 목소리의 암시를 들으며 잠들어버리지 않기 위해 영웅적인 투쟁을 해야 했다나요.

또 한 번은 역시 제가 젊어서 신경과에서 일할 적에 벌어진 일입니다. 2인 병실을 쓰는 환자 한 명이 불면증에 시달리는 데 최면으로 도와주라고 과장이 제게 요청했습니다. 밤늦게 저는 살그머니 환자의 침대 곁으로 가서 삼십 분이 넘도록 암시를 걸었습니다. "당신은 평온합니다. 기분 좋은 피로가 느껴집니다. 점점 잠이 오고 있습니다. 편안히 숨을 쉽니다. 눈꺼풀이 무거워집니다. 모든 근심이 멀리 떠납니다. 곧 잠이 듭니다."하고요. 그렇게 삼십 분 내내 있었지만 제가 병실을 조용조용 떠날 때까지 실망스럽게도 환자에게는 전혀 효력이 돌지 않았습니다. 하지만 제가 다음날 아침 그 병실을 다시 찾아갔을 때 쌍수를 들고 환영하며 저를 놀래키는 사람이 있었습니다.

"어젯밤에 정말 푹 잘 잤답니다. 선생님이 말씀을 시작하시고 몇 분 지나지도 않아서 저는 세상 모르게 잤어요."

제가 원래 최면을 걸려고 했던 환자의 옆 침대에 있던 환자가 한 말이었습니다.

두 번째 질문에 간단히 답해보지요. 어떤 사람들이 최면에 걸릴 수 있을까요? 기본적으로 아이들과 정신질환자를 빼면 다됩니다. 하지만 일반적으로 최면이 성공을 거두려면 시술 대상 스스로 관심을 보여야 합니다. 그것도 이론적이 아닌 실질적 관심, 예를 들어 최면을 통해 꼭 질환에서 치유되고 싶다는 의지 같은 것이요. 즉 낫고자 하는 의지가 전제되어야 합니다. 흔히들 생각하듯 의지가 약한 사람만 최면에 걸리는 것은 아닙니다.

그리고 최면을 걸 자격은 누구에게 있을까요? 최면이라는 것이 심리치료 수단의 하나고, 오스트리아 의사법에 따르면 심리치료 자격은 오로지 의사에게만 있습니다. 때문에 물론 의사만, 그리고 치유의 목적에서만 최면을 행할 수 있습니다. 설사 언제나 치유의 효과가 나타나지 않더라도 최면의 동기는 치유여야 합니다.

그렇다면 치유가 아니라 반대로 범죄적인 동기가 개입되었을 때는, 그리고 심지어 범죄적 효과를 위해 최면이 계획되었을 때는 어찌될까요? 다른 말로 해서 최면술사가 사악한 의도로 최면을 걸거나 심지어 소위 영매[2]에게 사악한 행동을 강요한다면요? 간단하게 그건 그렇다 해도 최면이 무슨 영적인 행위도 아닌데 이 얼마나 웃기는 표현입니까. 말하자면 최면 속에서도, 혹은 최면을 통해서도 시술 대상의 의지에 부합하지 않거나 반하는 일은 벌어지지 않습니다. 최면 중에도, 그리고 최면 후에도 시술 대상이 어떤 식으로든 동의를 하는 일만이 벌어지는 겁니다.

어느 유명한 빈의 정신과 의사도 이런 의견이었습니다. 이 의사에게 유명하다기보다는 악명이 높은 어느 최면술사가 맞서겠

---

2) 사이킥(psychic)이란 말과 같은 뜻으로 쓰인다. 19세기 근대 심령주의가 대두하면서 구미(歐美) 각국에서 속출하였다. 넓게 보아 한국의 무당이나 샤머니즘에서의 샤먼 등도 이에 속한다.

다고 나섰습니다. 이 학자의 최면에 관한 주장에 반박하기 위해 최면술사는 어느 날 여성 영매의 손에 권총을 쥐어주면서 의사의 진료소로 가서 의사를 쏴버리라고 최면 후 지시를 내렸습니다. 무슨 일이 벌어졌을까요? 그리고 이 여성은 무슨 일을 했을까요? 그녀는 지시받은 대로 했습니다. 하지만 의사에게 권총을 겨냥했을 때 그녀는 방아쇠를 당기지 않고 도로 손을 내렸습니다. 이리하여 최면을 통해 범죄를 저지르는 것도 가능하다고 증명하려던 실험자의 의도는 실패로 돌아갔습니다. 암살은 벌어지지 않았습니다. 하지만 설사 방아쇠가 당겨졌다 해도 이 암살의 '희생자'가 옳았습니다. 여러분께 살짝 알려드리자면, 그 의사는 희생자가 되지 않고 멀쩡했을 겁니다. 그 권총은 사실은 장난감 총이었고, 실은 범죄자가 아닌 그 범죄자 여성도 자신의 총이 진짜 총이 아님을 알았답니다.

불안과 불안신경증

심리치료가 정신을 낮게 하는 기술이라는 점에서 소위 신경증 역시 치료 대상이 됩니다. 신경증은 크게 주된 증상이 불안상태냐 강박관념이냐에 따라 각각 불안신경증과 강박신경증으로 구분됩니다.

오늘 우리가 다뤄볼 것은 불안신경증입니다. 잘 모르는 사람들은 흔히들 최근에 들어 불안신경증의 발병이 증가했겠거니 여기곤 합니다. 어디서나 '불안'이 화젯거리가 되지요. 예를 들어 우리가 불안의 시대에 살고 있다거나 불안이 서구 문명의 전형적인 질병이라는 식으로요. 하지만 실제로 이런 소리들은 학문적 문제 제기가 아닌 쓸데없고 싱거운 수다에 불과합니다.

미국의 정신의학자 프레이한은 이전 시대의 사람들은 분명 우리보다 더 불안에 떨 여지가 많았음을 증명했습니다. 그가 특히 언급했던 것은 마녀 사냥과 페스트, 노예무역과 민족 대이동의 시대였습니다.

우리 시대의 불안이 크게 늘지도 줄지도 않은 것은 바로 앞선 세기들과 비교했을 때만이 아닙니다. 통계를 통해 정확히 댈 수 있는 지난 수십 년과 비교해봐도 증명이 됩니다. 이 주장의 근거로 히르쉬만 교수의 논문을 들어보지요. 최근 여러 해 동안 정신질환자들의 수가 변하지 않았음은 이미 지난 강연들 때 제가 언급한 바가 있습니다. 히르쉬만 교수는 그 사실뿐 아니라 정신질환자 외 신경증 환자들의 수 또한 해당 기간 늘지도 줄지도 않고 변함이 없음을 증명해냈습니다. 변한 것은 기껏해야 발현되는 증상 정도인데 그나마 불안증상은 감소했다고 합니다.

이제 불안신경증이 생겨나는 원인을 탐구해봅시다. 오늘날 일반인들은 흔히 이런 신경증은 정신적 충격이나 혹은 일반인들 생각에 심리적 충격이다 싶은 것 때문에 생겨난다고 믿곤 합니다. 해당 환자가 어린 시절에 트라우마, 즉 일종의 정신적 상처가 되는 경험을 한 바람에 불안신경증이 생긴다는 겁니다. 콤플렉스라는 것도 키워드가 되죠. 하지만 이런 것들은 불안신경증 질환의 결정적 요건도 본래 원인도 아닙니다. 트라우마나 감당하기 힘든 어떤 경험이 사람의 정신을 온통 상처로 뒤덮을 수 있는지, 장기간에 거쳐 해를 미칠 수 있는지는 그 사람의 전체적인 성격 구조에 달린 것이지 경험 자체의 문제가 아닙니다. 개인심리학의 창시자 알프레트 아들러도 이미 여러 차례 말했습니다.

"경험의 주체는 인간이다."라고요. 환경이 인간에게 얼마나, 어떤 영향을 미칠 수 있는가의 여부는 자신이 어떻게 받아들이고 깨닫느냐에 달려 있다는 뜻입니다.

트라우마라고 생각되는 것과 관련해 저는 제 신경과에서 동료에게 부탁해 설문을 한 적이 있습니다. 외래 진료를 받는 신경증 환자, 즉 정신적으로 병이 든 사람들을 무작위로 골라 어떤 갈등이나 정신적 외상을 겪은 적이 있는지 질문했습니다. 그리고는 같은 동료로 하여금 정신적 질병이 아닌 신체적인 신경 손상으로 입원한 환자들을 무작위로 같은 수를 골라 같은 종류의 트라우마에 대해 묻게 했습니다.

그 결과 육체적으로만 병들었지 정신적으로는 건강한 사람들이 육체적으로는 건강하되 정신적으로는 병든 신경증 환자들보다 강도와 종류면에서 훨씬 심한 갈등을 겪었다는 것이 드러났습니다. 따라서 중요한 건 경험, 즉 환경이 아니라 개개인의 특성과 그가 자신이 경험한 것에 어떤 태도를 보이느냐입니다.

그러므로 신경증을 예방하겠다고, 사람들을 정신적 질병에서 보호하겠다고 갈등과 고난을 모두 제거하려 드는 것은 옳지 않습니다. 오히려 반대로 갈등과 고난은 사람들을 정신적으로 단련시킵니다. 극도의 고난과 위기 상황에서 전반적으로 신경증 발생이 준다는 것은 오래 전부터 알려진 사실입니다. 개개인의 삶에서도 적당한 부담, 인간에게 노력을 요구하는 종류의 부담은 정신적 건강에 도움이 된다는 것을 자주 경험하셨을 겁니다.

'허물어져가는 아치 위로 하중을 더 줌으로써 굳건히 만들 수 있다'는 제가 즐겨드는 비유입니다.

거꾸로 보자면 길고 무거웠던 정신적 부담에서 벗어나는 순간이 정신위생적으로는 오히려 위험한 시기입니다. 포로수용소나 감옥에서 풀려나는 상황을 생각해보지요. 강제로 육체적, 정신적 부담에 직면해 있던 감금 시절에는 최선을 다해 온갖 일들을 해내던 사람들이 정작 석방되는 순간, 정신적 위기를 겪는 경우가 적지 않습니다. 압력이 갑자기 사라지는 것이 인간들에게는 오히려 위험하게 작용한다는 면에서 우리가 느끼는 부담감은 소위 잠수병과도 닮았습니다. 물속에서 수면으로 갑자기 빨리 올라가게 되면 갑자기 수압이 낮아지면서 혈액 속에 기포가 생겨 몸에 통증을 유발하는 것처럼요.

이와 비슷한 사례로 갑작스럽게 일을 그만두면서 수십 년간 익숙해져 있던 노동에서 해방된 사람들을 들 수 있습니다. 이 사람들은 때맞춰 적합한 새 과업을 얻지 못하면 일을 했던 때보다 정신적으로 더 안 좋은 경험을 하고 말죠. 여러 사람들이 주말에 겪는 우울한 기분, 소위 일요일 신경증도 마찬가지입니다. 주중에서처럼 아등바등 일할 필요 없이 숨 돌릴 수 있는 시간이 주어지자 밥벌이를 넘어서 삶을 충만하게 만들어줄 만한 과업의 빈자리를 느껴 정신적 불만족감에 내면이 뻥 뚫린 것을 스스로 인지하게 되는 겁니다. 하이델베르크의 내과전문의이자 병원장인 플뤼게 교수가 자살을 시도했던 사람 50명을 조사해봤더니, 삶에 지치게 된 가장 결정적인 원인이 고난이나 질병, 콤플렉스나 갈등이 아니라 단 하나, 삶이 의미 없어 보여 얻게 된 끝없는 내적 불만족 때문이었다고 하더군요.

뮌헨 대학의 구스타프 V. 베르크만 병원의 교수들은 예전에 강제수용소에 수용되었던 이들을 연구한 결과 내과 질환, 즉 심장과 폐, 소화기와 신진대사의 질병들도 그들이 수용소의 압력에서 풀려나온 이후 발병했음을 알아냈습니다. 두 명의 연구자들은 이 관찰을 토대로 너무 지나친 부담뿐 아니라 급작스러운 해방도 인간에게 해가 된다면 어떻게 해서 사람들의 신체적, 정신적 건강을 유지할까를 숙고했습니다.

결론은 육체적, 정신적 건강을 위해 인간은 삶의 목표와 적절한 임무를 필요로 한다는 것이었습니다. 한마디로 끊임없이 목표를 향해 도전을 하되 자신이 수행해낼 만한 수준이어야 한다는 것이지요. 결국은 제가 이미 다른 기회에 여러 차례 되풀이했던 이야기 아니겠습니까? 아울러 니체가 "살아야 할 이유가 있는 사람은 어떤 삶이든 견딜 수 있다."라는 짧은 문장으로 더없이 정확하게 표현한 바 있지요. 삶의 의미를 아는 사람만이 모든 어려움을 극복해낼 수 있다고요.

인간 존재의 이 기본 원칙은 심리치료에도 풍요로운 도움이 됩니다. 불안신경증 환자는 자신의 불안을 둘러싼 상념들의 악순환에서 벗어나기 위해 자신의 증상에서 다른 무언가로 관심을 돌리는 법을 익혀야 합니다. 환자가 자신의 삶을 의미 있고 살만

하게 만들어주는 다른 무언가를 의식의 한가운데에 내세운다면 스스로의 고난은 정신세계의 저변으로 물러나게 됩니다.

콤플렉스와 갈등을 찾아내어 증상을 해결하려 노력하는 것보다는 우선 증상에서 관심을 돌리는 것이 더 중요합니다. 베르나노스의 어느 시골 목사의 일기장에는 이런 아름다운 문장이 있습니다.

"자기 자신을 증오하기란 흔히들 생각하는 것보다 더 쉽다. 은총이란 스스로를 망각할 때 비로소 얻을 수 있다."

이 문장을 약간 변형시키면, 신경증에 걸린 여러 사람들이 충분히 깨닫지 못하는 사실이 나타납니다. 스스로를 경멸하거나 애지중지하는 것보다 훨씬 중요한 것은 스스로를 완전히 잊는 것, 즉 자기 자신의 내적 상태에 대해서는 더 이상 생각하지 않고 자신만이 부여받은 구체적인 과업에 내적으로 헌신하는 것이라는 사실이지요. 한스 트뤼프가 강조했듯 세상을 향해 나섬으로써만 우리는 자기 자신에게로 도달할 수 있습니다. 무언가에 헌신함으로써 우리는 비로소 자기 자신을 빚어나갑니다.

자신만을 관조하거나 거울에 비추어 보는 것으로는, 스스로의 불안에 대해 꼬리를 물고 생각해서는 불안에서 해방될 수 없습니다. 그럴만한 가치가 있는 대상에게 스스로를 헌신하고 내줌으로써 가능한 것이지요. 이것이 자아를 완성하는 비결인데 칼 야스퍼스가 자기 자신만을 토대로 한 인간은 바닥이 없다고 적절히 표현한 바 있습니다. 그는 "인간은 다른 이에게 자신을 내줌으로써 비로소 인간이 된다.", "한 인간을 이루는 것은 바로 그가 헌신하는 대상이다."라는 말을 했습니다.

다른 말로 하자면 인간의 존재는 자기 투명성을 통해 결정됩니다. 그것은 인간은 자신의 정체성을 자신이 아닌 무언가나 누군가에게서 찾아야 한다는 뜻입니다. 그것은 이루어야 하는 의미일 수도 있고 사랑하는 사람일 수도 있습니다. 그렇게 스스로를 투명하게 만든 만큼 인간은 자아를 실현합니다. 무언가에 봉사하거나 누군가를 사랑하면서요. 과업을 위해 스스로를 잊을수록, 파트너에게 자신을 내줄수록 비로소 인간이 되고 점점 더 진짜 자신이 되어갑니다.

불면증

오늘 강연은 지난 강연들보다 늦게 방송되어서 청취자분들 중에는 자러 갈까 생각하신 분들이 많이 계실 겁니다. 그러니까 제가 오늘 방송분에 걸맞는 주제로 정신 요법 측면, 즉 영혼치유 차원에서 본 수면 문제, 그중에서도 우선적으로 수면장애를 고르게 된 이유는 납득이 가시겠지요. 왜냐면 일반인들이 우선적으로 관심을 갖는 건 장애라고 여겨지는 것이니까요. 일단 수면장애를 겪어본 사람만이 수면에 대해 진지하게 생각하기 시작하는 법입니다. 의학을 배운 적이 없는 일반인들이 심장이 쿵쾅쿵쾅 뛰어야 심장이라는 기관에 대해 의식하게 되는 거나 마찬가지입니다.

자, 수면장애 때문에 의사를 찾아가는 환자들 중 수면장애라는 말을 쓰는 사람은 거의 없습니다. 대부분 불면증이라고 말을 하지요. 꼭 불면이라는 현상이 진짜로 존재하는 것처럼요. 소위 불면증에 걸렸다는 건 자기기만적인 표현입니다. 그런 말을 하는 사람들은 몇 시간 안 되더라도 잠을 자기는 자면서 이튿날 아침에는 눈 한번 못 붙였다고들 불평합니다. 하지만 이런 기만이 필연적으로 벌어질 수밖에 없다는 것, 그 사람들이 일부러 의식적으로 과장하는 건 아님을 말해두어야겠지요. 이런 자기기만에 속하는 비슷한 예로는 사실은 꾸었던 꿈을 기억하지 못하는 것이면서 자기는 절대로 꿈을 꾸는 일이 없다고 주장하는 여러 사람들을 들 수 있습니다.

수면장애에 관해 우선 말해둘 것은 소위 수면제, 즉 화학적 방식으로 수면을 강제하는 의학적 수단이 진정한 치유가 될 수는 없다는 점입니다. 장기간 계속 수면제를 복용하면 절대로 부작용이 없을 수가 없습니다. 하지만 수면제를 가끔씩 사용하고 처방하는 데는 반대하지 않습니다. 당장의 갈등이나 문제로 인한 심각한 흥분 상태일 때는 수면제의 도움으로, 즉 화학적인 목발에 의지해서라도 잠을 자는 것이 약에 의존하는 게 꺼림칙해서, 혹은 의사에게 처방받는 게 귀찮아 잠을 못자는 것보다는 낫습니다. 그랬다가는 정작 불면증의 외적 원인이었던 갈등이 중재되고 문제가 해결된 후에도 내적인 원인에서 계속 잠을 못 이루게 됩니다. 그사이 그만 잠이 들지 못하는 것에 대한 공포증이 생겨버렸는데 이 두려움이야말로 잠을 쫓아버리는 원인이거든요. 그 자체로는 별거 아니고 일시적일 뿐인 증상이 환자에게는 공포를 심어주고 그 공포가 증상을 악화시킴으로써 또다시 공포도 악화되어 버리는 예기불안의 메커니즘입니다.

환자가 뱅뱅 도는 악순환에 빠지는 겁니다. 에곤 펜츠의 더 적합한 표현을 빌리자면 질환이 점점 더 높이 뱅글뱅글 솟아오르는 나선형 경사꼴입니다. 고치 속의 유충처럼 환자는 자신의 주위로 불안의 실을 자아 칭칭 감아댑니다. 초기에는 그래도 다음번에는 증상이 나타나지 않을 거라 희망을 걸어봅니다. 중기쯤 되면 증상이 나타날까봐 미리 두려워지고 막판에는 증상이 나타나고 말리라고 확신하게 됩니다.

의사 입장에서, 그리고 환자 스스로 이 예기불안을, 오늘밤도 잠들지 못하고 말리라는 불안한 예측이 잠을 쫓아버리는 걸 어찌 처리해야 할까요? 나중에는 이것이 잠자리 불안으로까지 진화합니다. 잠을 제대로 못자서 낮 동안 내내 피곤하다가도 잠자리에 들 시간만 되면 침대를 보자마자 오늘밤도 잠을 이루지 못할까봐 덜컥 불안해지고 이 흥분 상태로 그만 잠이 홀라당 달아나버립니다. 그리고 환자는 저지를 수 있는 것들 중 가장 큰 실책을 저지릅니다. 사냥감 기다리듯 정신을 바짝 곤두세우고 수면을 기다리는 겁니다! 잔뜩 긴장하여 자신의 내면에서 벌어지는 일에 온갖 주의를 기울이면서요. 하지만 긴장감이 커질수록 잠은 더욱 멀어집니다. 잔다는 건 완전히 긴장을 푸는 일에 다름 아니거든요. 의식적으로 잠을 자려고 애를 쓰지만 잔다는 건 무의식 속으로 잠겨드는 것이지요. 잠을 자고 싶다고, 자야겠다고 생각하면 생각할수록 잠드는 것은 불가능해집니다.

제가 아는 어떤 사람은 잠드는 데 큰 어려움을 겪고 있었습니다. 어느 날 그는 고심 끝에 간신히 잠들었습니다. 하지만 얕게 졸던 와중 할일이 있다는, 막 무얼 하려던 참이었다는 느낌이 잠을 훼방 놓아 소스라치며 펄떡 깼습니다. 깨어나니까 비로소 뭘 하려던 건지 생각났습니다. 잠을 자려 했었죠! 망령 든 신사가 나오는 코미디가 생각나지 않습니까? 늘상 '그런데 내가 무슨 말을 하려고 했더라? 아 맞아, 아무 말도 안하려 했지' 하는 캐릭터요.

잠은 비둘기와 같아서 사람이 가만히 있으면 손위에 내려앉지만 잡으려 하는 즉시 달아나버린다고 뒤부아가 언젠가 말한 대로입니다. 자려고 애를 쓰면 쓸수록 잠은 도망갑니다. 초조하게 잠들기를 기다리며 스스로를 주시하는 사람은 잠을 몰아낼 따름입니다.

그렇다면 어찌해야 할까요? 무엇보다도 밤에 잠을 자지 못할 거라는 예기불안의 바람을 빼버려야 합니다. 가장 중요한 기본 사실은 신체가 무조건 필요로 하는 만큼의 잠은 어떻게든 충족이 된다는 점입니다. 이 사실을 명심해서 스스로의 육체를 믿어야 합니다. 물론 이 최소한의 수면량은 사람마다 다르게 정해져 있습니다. 하지만 핵심은 수면 기간이 아닌 수면량이고, 이 분량은 수면 기간과 수면의 깊이로 결정됩니다.

즉 짧은 시간이라도 깊이 자기 때문에 전혀 오래 잘 필요가 없는 사람들도 있습니다. 하지만 똑같은 사람이라도 밤 시간에 따라 수면의 깊이는 변화하고 수면곡선에는 여러 타입이 존재합니다. 어떤 사람은 자정에 제일 깊이 잠을 자고 다른 사람은 새벽에 이르러서야 최고로 깊은 수면에 도달합니다. 그런 사람이 새벽에 잘 시간을 빼앗기면 아침에는 이미 수면곡선이 잦아드는 자정 타입보다 수면량을 더 많이 희생당하는 거지요.

그러므로 수면장애로 인한 건강상의 문제는 염려할 필요가 없습니다. 아울러 수면장애에 시달리는 사람은 자리에 눕는 즉시 뭐든 생각해도 괜찮지만 수면장애나 불면증 같은 것은 일절 떠올려서는 안 됩니다. 그보다는 그날 있었던 일들을 무대 공연처럼 하나씩 정신적인 눈앞에 지나가게 하는 게 차라리 낫습니다. 근심이나 문제를 억누르고 의식에서 억압했다가는 잠을 방해하고 꿈자리를 사납게 합니다. '잠에 대해서는 생각해서는 안 돼' 하고 부정적인 결심을 하는 것만으로는 자세가 부족합니다. 그러면 되려 생각하게 되고 말거든요. 어떤 사람이 구리를 황금으로 만드는 능력을 얻었는데 단 그 과정이 진행되는 10분 동안 절대로 카멜레온을 떠올려서는 안 된다고 칩시다. 그러면 그 사람은 즉각 지난 평생 생각도 해본 적이 없는 이 괴상한 동물을 떠올리게 될 겁니다.

앞서 제가 주장했듯이 잠들려고 의식적으로 노력하고 기를 쓸수록 잠은 달아납니다. 누운 채로 잠들려 애쓰는 대신 반대로 아무런 노력도 하지 않거나 아니면 잠드는 것 외의 다른 것을 하려든다면 어떻게 될까요? 이럴 경우 성공은 보장됩니다. 진짜로 잠들게 되요. 바꿔 말해 잠을 못 잘까봐 걱정하는 대신 밤을 새고 의식적으로 잠을 포기하려고 마음먹는다면 확실한 수면이 보장됩니다. 오늘밤은 안 잘 거야, 오늘밤은 그냥 긴장을 풀고 이것저것 아무 생각이나 해야지, 하고 마음먹기만 하면 됩니다. 여지껏 보아왔듯 잠을 자겠다는 의지가 잠드는 것을 불가능하게 만든다면 일시적으로 잠들지 않겠다는 시늉을 하는 것은 역설적으로 수면을 불러옵니다. 더 이상 불면증을 두려워하지 않게 되는 것이 잠으로 이르는 지름길이지요.

마지막으로 잠자는 중간에 깨지 않고 쭉 자지 못하는 증상 얘기를 약간 해보겠습니다. 저녁에 잠이 들긴 들지만 한밤중에 깨는 사람들은 어찌해야 할까요? 무엇보다도 그 사람들이 한 가지 절대 해서는 안 되는 것이 있습니다. 바로 불을 켜서는 안 됩니다. 시계를 봐서도 안 되고 책을 집어 들어서도 안 되고 다음날 직장에서 할 일을 생각하기 시작해도 안 됩니다. 할 일은 오로지 하나뿐, 방금 꾸던 꿈의 끄트머리를 잡아채서 거기서 생각을 이어야 합니다. 한마디로 꿈꾸던 기분에서 벗어나서는 안 됩니다.

그리고 시끄러운 이웃이나 다른 이유로 새벽에 너무 일찍 깨버린 사람은 어떻게 하면 될까요? 방도는 하나, 잠을 방해받은 것에 짜증내지 않는 것입니다. 보통 경우에는 잠을 깬 것에 짜증을 내느라 다시 잠들지 못하거든요. 그렇다고 짜증내지 않겠다고 부득불 결심했다가 예의 카멜레온 효과로 그만 짜증을 내고 말아 자신이 짜증을 낸다는 사실 자체에 짜증을 내며 굳이 본격적인 짜증을 경험할 것도 없습니다.

짜증 난 사람에게 "어이, 짜증 내지 마!" 하면 그 사람이 더 짜증이 나지 않겠습니까? 자다가 방해를 받으면 짜증을 내는 대신 새벽 일찍 일어난 김에 평소 미루었던 일들을 해치워버리겠다는 식의 생각을 하면 이런 망상에 젖는 즉시 온몸에 게으름이 도지면서 조만간 도로 잡니다. 이상으로 수면장애에 관한 제 단편적인 설명을 마칩니다. 이 늦은 밤 강의로 몇몇 청취자분의 눈을 솔솔 감기게 하여 오늘 밤만이라도 편안한 수면을 보장해드릴 수 있다면 참으로 기쁘겠습니다.

건강염려증과 히스테리

오늘 주제는 고대그리스어를 어원으로 하고 일반인들에게 낯설지 않은 정신적 질환의 일종인 건강염려증과 히스테리입니다. "건강염려증이네." 혹은 "당신 히스테리인데요." 같은 평가는 일반인들 입에도 곧잘 오르내릴 뿐더러 기분 나쁘게 들리기도 합니다. 그러므로 일반인들의 눈높이로 학술적 주제를 다루는 이 강연에서 자세히 소개하기에 적합한 소재입니다.

구체적인 사례에서 출발해보지요. 몇 년 전부터 심장에 이상을 느끼고 있는 환자가 있습니다. 하지만 그 환자를 더욱 괴롭히는 것은 자기가 느끼는 것보다 더 심각한 심장질환이 잠복해 있어서 조만간 죽을지도 모른다는 두려움입니다. 그래서 그녀는 길 가다 졸도하거나 심장발작을 일으킬까봐 몇 달째 동행이 있을 때만 집 밖으로 나갑니다. 이 전형적인 건강염려증 사례의 속

사연을 들여다보니 다음과 같은 일이 있었습니다.

수년 전 환자는 인플루엔자 감염의 여파로 가볍게 심장을 앓았습니다. 고열의 결과로 심장 경련 같은 증세가 나타났었지요. 그래서 주치의는 심전도 검사를 권했고 결과가 나왔을 때 고개를 절레절레 흔들었습니다.

"아, 심근염이네요."

그 외의 이상은 없었습니다. 하지만 환자는 '심근염'이라는 진단에서 마치 사형 선고를 받은 것처럼 큰 충격에 휩싸이고 맙니다. 환자의 이 같은 태도는 칼 크라우스가 했던 '병 중에 제일 흔한 병은 진단병'이라는 말에 공감하게 합니다. 병을 앓는 사람들 중 상당수가 의사에게 진단받고 나서 더 마음고생을 합니다. 진단 결과는 환자 마음에 계속 남아 콕콕 찔러대고, 환자는 현재 증상의 진단에서 무시무시한 미래를 현실로 끌어냅니다. 라틴어로 'semper aliquid haeret' 즉, '계속 들러붙어 남는 무언가가 있다'라고 하지요.

앞서 얘기한 환자에 대해 계속 살펴보도록 하지요. 심전도 진단 결과 심근염을 전해들은 다음날 환자는 지인을 만납니다. 무슨 얘기부터 하겠습니까? 물론 심근염 얘기지요. 지인이 맞장구를 칩니다.

"제 딸도 마침 심근염인데 애가 맨날 쓰러져요."

이 환자는 이제 자신도 쓰러지고 말 것이라 두려워하기 시작하고 공포란 공포의 대상을 다 불러와 버립니다. 무언가를 바라면 그것을 자꾸 생각하게 되듯 어떤 일을 두려워하면 두려워하던 그 일이 현실에서 벌어지고 마는 경우가 있습니다. 병에 있어서도 마찬가지입니다.

내내 쓰러질까봐 두려움에 시달리는 환자는 곧 이런저런 불편한 이상을 느낍니다. 바로 의사를 찾아가죠. 하지만 새 심전도 검사에는 모든 게 정상으로 나오는데 불편한 증상은 그대로입니다. 의사는 환자더러 모든 건 신경 탓이고 기분 탓이니 마음을 달리 먹으면 된다고 말합니다.

그러나 환자에게는 그 말이 들리지 않습니다. 분명히 아픈 게 느껴지는데 의사는 별것 아닌 취급을 하고 자신을 진지하게 대해주지 않는다고 생각합니다. '분명히 난 불편한 걸 느끼고 그게 정상은 아니란 말야' 하는 식으로 생각하지요. 적어도 신체상으로는 아무런 이상이 없다고 의사가 안심되는 소리를 해봤자 환자는 더더욱 그 불편한 느낌에 집착을 합니다. 이런 환자들은 신경 탓이라는 게 결코 아무 뜻 없는 괜한 표현이 아님을 미처 생각하지 못합니다. 과도하게 신경을 쓰고 예민해지는 것도 병이거든요. 이 경우에는 심장에 신경을 쓰는 것은 초기에는 합리적인 행동이었지만 적정 선을 넘어서면서부터 불필요해진 과도한 관심에서 불편한 느낌들이 생겨납니다.

하지만 건강한 사람이라도 몇 분간 자기 손에만 뚫어져라 관심을 쏟고 있으면 그 위로 개미가 기어가거나 그 아래로 맥박이 뛰는 것 같은 이상한 감각을 느끼게 되기 마련임을 환자들은 알아야 합니다. 이상하지만 별다른 위험성이 있는 감각은 아니지요. 그리고 이 환자들이 또 알아둘 것은 불편한 증상을 느껴도 적어도 신체상으로는 아무 이상이 없다고 의사에게 보증받는 편이 아무것도 못 느끼고 자각하지도 못하는 와중 위험한 질병이 진행되는 것보다는 그래도 옳다는 겁니다. 어쨌든 간에 건강염려증 기질이 있는 사람들이라면 의사한테 이것저것 많이 물어보며 귀찮게 하는 것이 혼자 끙끙 앓는 것보다 낫습니다.

교훈이 되는 예를 들어보지요. 소위 건강염려증에 걸린 환자에게 그 지나친 불안과 건강 염려만 빼면 문제될 건 아무것도 없다고 거듭 보증해준 적이 있습니다. 환자가 제게 대답했습니다.

"아녜요, 선생님, 우연찮게도 전 제가 얼마나 심각한지 알아버리고 말았어요. 제 뢴트겐 사진을 봤더니 제가 'Cor-pulmo'라는 병을 앓고 있다고 쓰여 있던걸요."

혹시 그 위에 'o.B.'라는 글자 두 개도 같이 적혀 있지 않았냐고 제가 물으니 환자는 그렇다고 말했습니다. 그리고 저는 이렇게 설명했습니다.

"Cor-Pulmo는 심장과 폐를 가리키는 용어고 o.B.는 아무 이상 없다는 뜻입니다."

환자가 진작 묻기만 했어도 저는 더 빨리 안심시켜줄 수 있었을 겁니다. 하지만 어쨌든 병에 대한 공포로 괴로워하는 사람에게 건강염려증 낙인을 찍어버리고 무시하는 건 인정 없는 처사입니다.

더 무자비한 건 우리가 히스테리 환자를 대하는 방식입니다. 히스테리 환자라는, 진단이라기보다는 성격 낙인은 언제나 불명예스러운 구석이 있습니다. 요새 들어 히스테리는 정신과 진단이라기보다는 인격적 낙인으로 통하고 있지요. 하지만 현대 정신의학의 견지에서 히스테리란 무엇일까요? 학술적으로 히스테리성 메커니즘과 반응, 그리고 히스테리적 성격은 서로 구별되는 개념입니다. 샤르코 시대에 통하던 본래 질병으로서의 히스테리, 즉 발작과 마비를 동반한 '대(大)' 히스테리라는 개념은 오늘날 정신의학자들은 쓰지 않습니다. 히스테리가 가리키는 증상이 변해온 것이지요. 한편 히스테리적 성격은 다음 세 가지 주요 특성을 가집니다.

1. 부정직함
2. 병적인 이기주의
3. 계산적인 근성

이런 부류의 사람들은 부정직해서 바람이 잔뜩 들었고 뭐든 과장하는데 그것은 사실은 그들이 진짜 앓고 있는 증상의 반작용입니다. 이 사람들은 경험의 빈곤함에 몹시 시달려서 삶 자체에 허기마저 느낍니다. 내적인 빈곤함을 보상받기 위해 그들은 남들보다 암시를 더 잘 받아들이고, 즉 암시의 영향을 잘 받게 되고 아울러 정신적인 것을 육체적 질병으로 치환하여 눈에 보이는 형식으로 표현해냅니다. 내적 빈곤으로 인한 이 타입의 두 번째 특징은 내면의 냉혹함, 계산적인 쌀쌀함, 모든 것을 이기적인 목적을 위한 수단으로 이용한다는 점입니다. 늘상 연기를 하고 그 효과를 계산하고 그 결과 히스테리적 성격을 가진 사람은 모든 게 연극적입니다. 이런 사람을 치유한다는 것은 완전히 재교육을 시켜 전혀 다른 인간으로 만든다는 뜻입니다. 이것이 가능할지, 가능하다면 어떤 방식으로일지는 일반인들 대상으로 강의하기에는 너무 복잡합니다.

하나만 말해두지요. 히스테리적 인간은 스스로 연출하여 연극을 합니다. 관객이 되어주었다가는 히스테리에 부채질을 하며 장단 맞춰주는 격입니다. 그 사람을 도우려면 관객을 없애서 주목받지 못하게 만들어야 합니다. 구체적으로 어떤 방식을 쓰느냐는 개개의 경우마다 달라서 도매금으로 대답할 수는 없습니다. 아울러 의학 교육을 받지 못한 일반인들은 언제 히스테리가 발현되는 건지 구별할 수 없습니다. 일반인들은 히스테리일 거라고 진단을 내리지만, 사실은 신체적인 질환이었던 경우를 저는 수십여 차례 목격했고, 그중에는 제법 위중한 신체 질환이었던 적도 있었습니다. 그리고 오스트리아의 의사법은 의사 외의 인물이 심리치료를 실시하는 것을 일절 금지하고 있습니다.

하지만 진짜 히스테리나 히스테리 증상, 히스테리 연극이 벌어질 때, 위에 언급한 구경꾼 효과를 어떻게 없앨 수 있는지는 실제 있었던 예를 들겠습니다.

어느 날 어떤 관청 앞에 많은 사람들이 줄을 서 있었습니다. 그때 행렬에서 어느 중년 여성이 빠져나와 질서 유지 직원한테 가서 이리 말했습니다.

"저, 절 먼저 들여보내주셔야 해요. 전 심장이 나빠서 오래 서 있으면 쓰러지고 말아요. 그랬다가는 어찌 되겠어요? 난리가 나겠죠! 구조원을 부르셔야 해요. 보시겠어요? 저 이 앞으로 자빠진다구요."

해당 직원은 그 여성이 신체적으로는 무탈하고 정신적으로는 히스테리성 성격임을 직감적으로 진단해내고는 차분하게 대답했습니다.

"앞으로 자빠지신다구요? 자빠지는 건 뒤로 하셔야죠!"

한마디로 히스테리를 연출하는 사람은 그 연출에 책임을 져야 합니다. 환자 본인이 결과를 책임져야죠. 그리고 유능한 치유자라면 환자의 마음을 다치지 않는 방식으로 히스테리성 메커니즘을 중단시킬 수 있어야 합니다. 히스테리도 병이니까요.

사랑에 대하여

유행가 가사들에 따르면 무언가를 위해 살만한 가치가 있는 유일한 것은 사랑이고 세상에 사랑보다 중요한 것은 없답니다. 하지만 정신분석학 역시 학술적 용어를 써가며 비슷한 주장을 하지 않나요?

스위스의 정신의학자 루트비히 빈스방어는 인간 존재를 특징짓는 결정적인 본질은 '염려하는 것'이라는 하이데거의 철학에 '염려' 대신 '사랑'을 삶의 중심 위치에 끼워 넣어 자기 식으로 바꾸었습니다. 빈스방어의 표현에 의하면, 우리라는 정체성은 사랑하는 사람들이 서로 함께 있게 하며 사람들의 삶의 중심을 이룬다고 설명합니다.

이상으로 볼 때 사랑이라는 단어는 참으로 다양한 개념을 표현하고 있습니다. 그런데 유행가 가사에서 말하는 사랑은 연애고, 정신분석학에서 말하는 사랑은 성충동, 즉 생리학적이고 생물학적인 형체가 없는 본능적 충동을 뜻합니다. 그리고 빈스방어의 소위 존재분석에서는 존재론적이고 인류학적인 의미에서 사랑이라는 표현을 씁니다. 이렇게 어떤 맥락에서 말하느냐에 따라 사랑을 인간 존재의 중심이나 가장 높은 곳에 두는 것은 옳은 표현이기도 하고 틀린 말이기도 합니다.

사랑이 무엇이냐를 정의하기 위해서는 무엇이 사랑이 아닌지를 먼저 밝히는 것이 빠른 길입니다. 유행가 작사가들의 시각으로는 모든 게 사랑입니다. 하지만 판단력을 갖춘 사람이라면 방금 만난 아가씨가 금발이나 파란 눈 같은 마음에 드는 형질을 가지고 있다고 사랑 운운하는 청년이 정말로 사랑을 하는 중이라고 말하지는 않을 겁니다. 이 경우는 성욕이라고 간주해도 틀리지 않겠지요. 누군가 영화배우에게 빠져 있을 때도 엄밀한 뜻에서의 사랑이라고는 하기 힘들지요. 이 경우에는 성욕에 호소하는 형질보다는 미소나 목소리 같은 특성이 주가 되긴 하지만요. 그러나 이 모든 것들은 사랑이 아닙니다. 후자의 경우에는 반했다고 표현하는 편이 더 적절합니다.

다른 경우로 형질이나 특성 자체가 아니라 그 형질과 특성을 가진 사람이 주가 될 때, 형질과 특성 뒤에 위치한 고유하고 하나뿐인 인격을 대면할 때, 비로소 사랑이라 합니다. 사랑이란 본질적으로 익명인 파트너와 욕구에 따른 관계를 갖는 것이 아닙니다. 익명의 파트너란 같은 형질을 가진 사람이라면 누구와도 교체될 수 있습니다. 반해 있는 사람 또한 사람 자체를 사랑하는 게 아니라 특정한 타입에 반한 것뿐입니다. 하지만 사랑은 다른 이에게 옮겨갈 수 없습니다. 그 사람이 죽었을 때 쌍둥이 형제나 자매를 대신 사랑할 수 있을까라는 질문을 스스로에게 던진다면 그것이 정녕 사랑인지 확인할 수 있습니다.

순전히 욕구를 충족시키는 관계의 파트너와 단지 사회적인 관계의 파트너 또한 다소 익명성을 띱니다. 하지만 진정한 사랑의 관계에서는 사람 자체를 만나게 되고 그 사람은 '당신'이 됩니다. 이렇게 표현할 수 있겠네요. '사랑이란 누군가를 당신이라고 부르는 것'이라고요. 하지만 사랑은 그뿐만이 아닙니다. 사랑이란 누군가를 긍정하는 것이기도 합니다.

그 사람만의 고유하고 유일한 본질을 알아보는 것, 즉 그 사람일 수밖에 없는 존재를 보는 것일 뿐 아니라 그 사람이 될 수 있는 것, 되어야 하는 것까지 함께 봅니다. 그 사람의 현재 있는 그대로의 모습뿐만 아니라 미래의 어떤 모습까지도요. 도스토예프스키가 아름답게 표현했듯이 사랑한다는 것은 신께서 본래 의도하셨던 모습으로 다른 이를 보는 행위입니다.

그러므로 사랑을 하면 눈이 먼다는 것은 말이 되지 않습니다. 반했을 때는 눈이 멀지도 모르지요. 하지만 진정한 사랑을 하게 되면 비로소 눈이 뜨일 뿐 아니라 멀리 보게 되고 꿰뚫어보게 됩니다. 사랑하는 존재에게서 더 가치로워질 가능성을 본다는 것은 아직은 현실이 아니고 실현되지 않은 미래에 실현되어야 할 가능성을 읽어낸다는 뜻이니까요.

이런 이야기들에서는 사랑이, 남녀 간의 사랑마저도 성적인 욕구와는 별 관계가 없다는 인상을 받으실지도 모르겠습니다. 하지만 이 또한 사실이 아닙니다. 오히려 사랑은 본능적 욕망을 필요로 합니다. 그러나 성욕 또한 사랑을 필요로 하지요. 사랑은 어떤 견지에서 성욕을 필요로 할까요? 성적인 행위가 사랑의 표현 수단이 된다는 점에서 그렇습니다. 인간의 성생활은 단순한 성생활이 아니라 사랑하는 생활이기도 할 때 정말로 인간다워집니다.

사랑하는 생활을, 더 적합한 단어를 쓰자면 결혼 생활을 단지 종족 번식 수단으로 보는 견해는 아이가 없는 결혼의 독자적인 의미를 앗아갑니다. 이런 식으로 다른 가치들을 제한하고 인간의 삶에 의미를 채워 넣을 수 있는 가능성들이 빛을 잃게 만들며 하나의 가치만을 숭상하는 것은 인간을 절망으로 이끕니다. 한 가지 가치만을 지나치게 집중적으로 평가해버리면 다른 중요한 가치들에 대해서는 멀어지고 말지요.

다른 의미의 가능성 없이 결혼하여 아이를 낳느냐의 여부에만 의미가 달려 있는 삶은 얼마나 빈한합니까! 그런 태도는 삶의 가치를 떨어트립니다. 특히 여성들의 삶에서 존엄성을 앗아가지요.

그렇다면 인간의 성욕은 어떤 견지에서 사랑을 필요로 할까요? 젊은이들의 성욕이 정상적으로 발달하기 위해서는 사랑할 수 있는 능력이 전제되어야 합니다. 사랑할 수 있는 능력은 성적 성숙 과정에서 방향을 제시합니다. 사랑은 성욕을 올바른 방향으로 이끕니다. 프로이트의 반명제 개념을 빌리자면, 욕망을 풀겠다는 목표뿐 아니라 욕망의 대상, 즉 사랑하는 사람 자체에도 눈을 돌리게 되는 것이지요. 이렇게 사람 자체에게로 성욕이 흘러갈 때 성욕은 자아 속에 온전히 편입됩니다. 최종적이고 유일한 파트너를 선택할 수 있다는 보증이 생기는 겁니다.

즉 성적 성숙이란 성욕을 점차 자아 속에 통합해가는 과정입니다. 이 통합이란 전체적인 인격 속에 성욕을 융합시켜 온전한 나를 찾는 것, 나 자신이 되는 과정, 자신의 핵심을 꿰뚫는 일입니다. 그런데 이 통합의 과정을 실패로 몰고 갈 수 있는 두 가지의 방해되는 요인이 있습니다.

하나는 의기소침이고 다른 하나는 실망입니다. 자신이 행복한 사랑 관계를 이룰 힘이 없다고 믿는 이는 의기소침해지고, 사랑을 할 능력을 쌓아가던 중 파트너에게 거절당한 이는 실망하여 발달이 정체되고 맙니다. 이런 사람들은 스스로를 마취시키기 위해 성적 쾌락 속이나, 단순한 성욕의 충족에 빠져듭니다. 성욕이 억압되는 것이 아니라 성욕이 사랑을 억압해버립니다. 질이 아니라 양이 중요해져서 본래 갈구하던 사랑의 행복이 아닌 단순한 성적 만족에 매달립니다. 사랑을 이룰 가능성에 절망하면 절망할수록 어떻게든 최대한의 성적 만족을 수집할 필요성을 느낍니다. 이 상황의 희비극적인 면은, 아니 심지어 블랙 코

미디적인 면은 사실은 진정한 사랑의 행복을 찾을 능력이 없는 연약한 이가 영웅인 양 허풍을 떤다는 데 있습니다.

하지만 사랑에 대한 실망만이 이런 종류의 보상을 이끌어내는 것은 아닙니다. 존재의 의미를 찾으려 애쓰다 실망한 이도, 즉 실존적 실망을 겪은 이도 이런 보상을 찾아 성적인 마취에 매달리곤 합니다. 의미를 찾고자 하는 의지가 좌절되는 모든 경우에 이런 일이 벌어질 수 있는 겁니다. 삶의 의미가 비어갈수록 성적 만족은 쾌락의 수단이 됩니다. 하지만 그뿐만이 아닙니다. 이 쾌락은 쾌락대로 마취의 수단에 불과합니다.

요약해보겠습니다. 인간의 영혼을 근본적으로 채우는 것은 의미를 찾고자 하는 의지입니다. 존재의 의미를 채워줄 수 있는 가치 있는 삶에 대한 갈구지요. 의미를 향한 의지가 채워지지 않을 때 인간은 이 공허함을 마취시키기 위해 성적 만족에 점점 집착합니다. 다른 말로 하자면 쾌락 의지는 삶의 의미를 찾고자 하는 의지가 좌절된 후의 허탈감을 잊으려고 하는 때에 나타나곤 합니다. 그때에서야 정신분석학에서 말하는 쾌락 원칙이 인간을 지배하기 시작합니다. 존재적 진공 속에서 성적 리비도가 무럭무럭 자라는 겁니다.

불안신경증과 강박신경증

경증의 원인을 무조건 어릴 적 겪었던 충격이나 트라우마로 귀속시켜서는 안 된다고 앞서 이야기했습니다. 트라우마, 즉 정신적인 상처가 정말로 정신적 흉터, 지속되는 해를 남기는지의 여부는 사람이 해당 경험에 대해 어떤 자세를 취하느냐에 달려있으니까요.

오늘은 신체적인 원인이 있을 수도 있는 신경병 이야기를 우선 하겠습니다. 불안신경증, 특히 광장 공포가 그렇습니다. 이 공포에 시달리는 사람은 갑상선이 과도하게 기능하곤 합니다.

만약 자율신경계 중 하나인 교감신경[1]과 그 반대의 짝인 미

---

1) 부교감신경과 함께 자율신경계를 이루는 개개의 원심성 말초신경이다. 혈압 상승, 혈관 수축, 괄약근의 수축 등을 일으킨다. 교감신경이 흥분하면 동공이 커지고, 심장의 맥박수가 늘며 혈압이 오르지만, 소화기능은 반대로 억제되어 신체활동에 알맞은 상태가 된다.

주신경[2)의 기능을 구별해서 표현해야 한다면, 교감신경계가 지나치게 흥분하기 쉬운 체질이라고도 말할 수 있을 겁니다.

어쨌든 특정 신경이 과도하게 흥분한 것이 일단 관찰되면 어느 쪽이 원인이고 어느 쪽이 결과인지, 상호 작용의 관계는 어찌되는지가 의문으로 남습니다. 교감신경의 흥분이 정신적으로 반영되어 불안에 예민해질 수도 있지만, 먼저 불안을 느끼고 그 여파로 교감신경이 흥분했을 수도 있으니까요. 우선 확실한 것은 본래 교감신경계가 예민하게 타고났거나 상황에 따라 예민해진 사람은 정신적으로는 불안을 느끼기 쉽다는 점입니다.

그렇다면 불안신경증은 실질적인 신체질환일까요? 아닙니다. 불안에 빠지기 쉬운 체질인 사람이 정말 불안신경증에 걸리려면 저희 신경과 의사들 사이에는 잘 알려진 정신적 메커니즘을 거쳐야 합니다. 그 후에야 진짜 신경증이 발발하지요. 이 메커니즘이란 뭘까요? 이미 여러 차례 이야기했지만, 워낙 중요하여 또 언급하게 된 예기불안이 그것입니다.

이 불안이 어떻게 작용하는지 예를 들어보지요. 타고나기를 불안정한 체질이라 쉽게 땀을 흘리는 사람이 있습니다. 어느 날 이 사람은 사회적으로 자신보다 높은 지위에 있는 사람을 만나게 되었습니다. 무슨 일이 벌어질까요? 막 악수를 해야 하는 참인데 불안과 흥분 때문에 자기 손이 땀으로 흠뻑 젖은 걸 알게

---

2) 부교감신경 중 최대의 것. 뇌신경으로 운동과 지각의 두 섬유를 포함하며 내장의 대부분에 분포되어 있다. 인두와 후두의 지각, 기관지 및 각 내장의 운동과 분비를 맡는다.

됩니다. 일단 자각하게 되면 다음에 또 같은 일이 벌어져 난처해질까봐 겁을 먹게 됩니다.

그리고는 실제로 땀이 나는 것을 걱정하는 것만으로도 땀구멍마다 식은땀이 송송 나서 푹 젖어버립니다. 이 경우에는 땀이 나는 것이 공포를 불러일으키고, 그 공포가, 즉 증상에 대한 예기불안이 증상을 심화시킵니다. 심해진 증상은 다시 환자의 공포에 부채질을 하고요. 이리하여 악순환의 고리가 닫힙니다. 더 잘 표현하자면 환자 스스로 자기 주위에 이 고리를 칭칭 감아 만들어 번데기 속 애벌레처럼 푹 파묻힙니다. 잘 알려진 속담이 있지요.

"소원은 생각의 아버지다."

속담대로 '소원이 생각의 아버지' 라면 '공포는 사건의 어머니' 라고 말할 수 있을 겁니다. 그리고 이미 보았듯 질병이라는 사건도 공포의 자식입니다.

불안신경증의 사례로 돌아와 보면 예기불안은 특정한 상황에 연결되어 있습니다. 불안신경증 환자가 그리 불안해하며 예측하는 것은 불안 자체입니다. F. D.루스벨트는 유명한 불가의 담소 방송에서 말하기를 "우리가 진정 두려워해야 하는 것은 두려움 자체"라고 말한 바 있습니다. 더 깊이 들어가 왜 환자가 불안 자체에 불안해하는지 이유를 따져봅시다. 밝혀지는 것은 환자가 불안에 따른 결과적 상황을 무서워한다는 점입니다. 그는 탁 트인 광장에서 쓰러지거나 대로에서 심장마비나 뇌출혈 같은 발작을 일으킬까봐 두려워합니다.

심리치료가 할 일은 환자에게 이 모든 불안함이 근거 없음을 명확히 해주는 겁니다. 그리고 이를 넘어서 심리치료는 역설적으로 환자가 불안에 집착하는 방식으로 불안으로부터 달아나려는 것을 막아야 합니다. 환자는 달아나는 대신 자신이 그토록 무서워하는 것을 오히려 바라야 합니다. 설사 한순간이라도 말입니다. 공포의 자리를 바람이 대신하는 순간 모든 불안은 김이 빠집니다. 불안이 알아서 꼬리를 말고 도망치는 거지요.

구체적인 예를 들어보겠습니다. 외과에서 일하는 동료가 제게 하소연하기를 병원 책임자인 상사가 수술실에 들어올 때마다 손이 떨리기 시작했답니다. 시간이 흐르면서는 남한테 담뱃불을 빌려줄 때도 떨게 되었답니다. 상대가 '세상에, 이 친구 담뱃불을 붙여줄 때도 이리 떠니, 절대 수술은 맡기면 안 되겠어'라는 식으로 생각할까봐 겁이 나서였습니다.

반면 딱 한 번 떨만한 상황인데도 떨지 않은 적이 있습니다. 몹시 흔들리는 열차 안에서 지인에게 담뱃불을 붙여주었는데 정작 떨어도 이상하지 않은 상황이 되니 손이 멀쩡했습니다. 왜일까요? 그때는 떨까봐 불안해할 필요가 없었으니까요. 이 증거가 나온 후에야 환자(환자가 된 의사)는 순전히 두려움 때문에 자신이 떨었다는 것을 인정할 수 있었습니다.

이 예를 든 것은 치료의 결과 그 혼자만이 떠는 것에 대한 불안과 떨림증에서 해방된 것이 아니기 때문입니다. 덕택에 같은 신경증에서 풀려난 다른 환자도 있습니다.

제가 의대생들 앞에서 강의를 한 적이 있는데 14일 후 그 강의를 들었던 대학생이 편지를 보내기를 그 학기 내내 해부 시간에 해부학 교수가 들어와 학생들을 쳐다보기만 하면 그리 떨릴 수가 없었다고 합니다.

위의 외과의가 떨림증이 나은 사연을 들은 후 그녀는 스스로 이 치유법을 사용해 보기로 마음먹고 자기 자신에게 말했습니다.

"저기 교수가 오네, 앞에서 떠는 모습을 보여야지, 내가 얼마나 잘 떠는지 보여줄 거야."

그 동시에 떨림증은 나았습니다. 공포의 자리를 대신 차지한 바람이 치유시켜준 것입니다. 물론 정말로 온 마음을 바쳐 바랄 필요는 없고 한순간이면 됩니다. 스스로에게 웃어주는 순간 승리를 얻습니다. 웃음이란 거리를 두는 행위고, 이로써 환자는 신경증과 신경증적 증상에 거리를 만듭니다. 어떤 대상과 자신 사이에 거리를 두는 데는 유머만한 것이 없지요. 유머를 통해 환자는 신경증적 증상을 심각하지 않게 만들어 극복하는 법을 배웁니다.

물론 이 모든 것은 신경증을 다루는 심리치료법의 극히 일부일 뿐입니다. 하지만 매우 중요한 일부이며, 상황에 따라서는 극히 결정적인 요소이기도 합니다. 이런 치료 방식은 강박신경증에 있어서도 좋은 결과를 보입니다.

물론 강박신경증의 상황은 좀 다른 데가 있습니다. 강박신경

증 환자는 날 때부터 생각과 의심이 많고 골똘합니다. 그러는 와
중 창문을 센다든가 신성모독에 대해 생각한다든가 가스 밸브를
확인한다든가 손을 씻어야만 한다는 강박이 생겨납니다. 그리고
는 어떤 이유에서 어느 순간부터 때때로 자신을 덮치는 종종 우
스꽝스럽기까지 한 강박관념을 두려워하기 시작합니다. 이 강박
이 정신병, 진짜 정신질환의 전조일까 겁을 먹는 것이지요. 이런
두려움에 빠진 환자는 강박관념에 맞서 정면으로 싸우려 애를
씁니다.

불안신경증 환자를 정말로 괴롭히는 것은 불안에 대한 불안
이듯, 강박신경증 환자는 강박관념에 대한 불안에 시달리다 종
래는 강박과의 싸움을 포기하고 맙니다. 불안신경증 환자가 불
안에서 달아나려 한다면 강박신경증 환자는 강박에게 정면으로
맞서려 달려드는데, 이 역시 그릇된 대처이긴 마찬가지입니다.
불안함이 '불안에 대한 불안'으로 진화하듯 강박신경증 환자는
자신을 내리누르는 압력에 시달리다 반작용으로 강박에게 덤벼
들게 됩니다.

이 경우에도 치유를 위해서는 뿌리를 잘라야 합니다. 뿌리란
강박신경증 환자들이 잘못된 지식의 희생양이라는 사실입니다.
그들은 자신들의 강박신경증적 성향 때문에 정신병에 걸릴까봐
걱정하는 것이 근거 없는 일임을 모르고 있습니다. 정신의학자
들은 모두 알고 있는 사실인데, 강박관념 성향이 있어 거기 시달
리는 사람들은 진짜 정신장애에는 면역이 되어 있답니다.

마취 분석과 정신외과

우선 마취 분석[1]은 대중들 사이에 자백제[2]라는 잘못된 명칭으로 통하고 있습니다. 우선 이 명칭이 옳은지, 정말로 사용하는 것이 혈청이고 그리하여 뽑아내는 게 진실인지 알아봅시다.

더 볼 것도 없이 이 명칭은 틀립니다. 주입되는 것은 혈청이 아니라 오래 전부터 수면제, 특히 마취제로 쓰이고 있는 합성물입니다. 둘째로 마취 분석을 통해 나오는 것은 언제나 완전한 진실인 것도 아니고 순수한 진실도 아닙니다.

---

1) 심리적 반응을 기초로 하여 치료효과를 얻으려는 정신분석법. 정맥에 아미타르 등의 마취제를 주사하여 반쯤 잠든 상태의 환자에게 마음속에 품고 있는 자신의 생각을 말하게 함으로써 정신증세를 일으키는 원인을 알아내는 치료법이다. 신경성 노이로제나 히스테리 등의 치료에 적용된다.
2) 진실 혈청제(독일어 원문 직역)

마취 분석이 실질적으로 어떻게 이루어지는지는 신문이나 잡지에서 빈번히 다루었기 때문에 이미 다들 알고 계실 겁니다. 의사는 환자의 팔꿈치 혈관에 천천히 약물을 주입합니다. 물론 환자가 완전히 잠들지는 않고 의사와 대화를 할 수 있을 정도의 양만 주사합니다. 의사는 환자가 이전에는 숨겨두려던 것들을, 이 상황에서 의식이 닿는 한 털어놓으리라고 기대합니다.

역사적으로 마취 분석은 소위 수면제 최면에서 갈라져 나왔습니다. 당시 환자를 치유할 때 최면을 거는 게 어려울 시에는 수면제를 써서 수월하게 만드는 방식을 썼습니다. 제2차 세계대전 동안이었지요. 신경증 환자들을 근본적인 정신분석학적 방식으로 치유하기에는 시간도 부족했고 훈련받은 인력도 모자랐습니다. 그래서 정신치유 과정을 단축시켜야만 했습니다.

정신의학자들이 이 요법으로 목표하는 것은 정신적으로 억압된 사실들을 찾는 것이 아닙니다. 그보다는 약물로 졸린 상태를 인공적으로 조성하고, 환자로 하여금 그들을 정신적으로 병들게 했지만 환자 스스로는 털어놓으려 하지 않았던 상태, 이를테면 양심의 갈등이나 공포상태를 다시 한 번 경험하게 만드는 데 있습니다. 재경험을 통해 병을 얻었던 첫경험 때는 (수치심이나 군인다운 명예 관념 때문에) 허락되지 않았던 격한 감정을 불러일으키는 것이지요. 소리 지르기, 떨기, 식은땀 흘리기 등을요.

그러나 감정 발산은 제쳐두고 이 과정으로 발굴되는 것이 무의식적으로 억압된 완전한 진실도, 순도 100퍼센트의 진실도 아님을 다시 한 번 강조해야겠습니다. 어째서 완전한 진실이 아니냐고요? 경험으로 보자면 환자, 혹은 일반적으로 실험 대상이 마취 분석 상황에서도 진실을 부분적으로 감출 수 있기 때문입니다.

어째서 순수한 진실이 아닐까요? 마취 분석 중에는 환자가 워낙 암시에 잘 걸려들기 때문에 의사가 어떤 식으로 질문을 던지느냐에 따라 그 질문에 맞춘 대답을 합니다. 실험을 행하는 이는 실험 대상으로부터 자신이 물었던 사실의 메아리만 듣게 되는 것입니다. 따라서 사실을 털어놓으라고 강제하는 것은 불가능합니다. 시술 대상이 고백을 한다 해도 그것이 진실을 담은 고백인지 보장이 없거든요.

이상이 시술 대상에게 사실과 관련된 질문을 던졌을 때 벌어지는 일입니다. 법적 사실과 관련된 질문에 대해서는 의사로서 입을 다물겠습니다. 법적인 견지에서 그리고 인권의 견지에서 경찰이나 법정이 마취 분석을 자백 수단으로 사용하는 것을 불허한다는 판결들은 충분히 있었습니다. 그러므로 실제로 마취 분석을 행하더라도 법적인 증거수단으로는 사용할 수 없습니다.

이제 정신외과 이야기를 해보겠습니다. 마취 분석과는 종류가 다릅니다. 마취 분석 때는 주사를 놓고, 정신외과는 수술을 합니다. 마취 분석이 주로 신경증을 치유하는 축약 수단이라면, 정신외과는 정신질환을 다루는 것이 주된 목적입니다. 즉 신경상의 심적 장애가 아닌 소위 정신병을 다루지요.

하지만 진실혈청이라는 단어만큼이나 정신외과라는 단어도 무의미합니다. 외과의사의 메스가 인간 정신에 닿을 수 있을까요? 뇌수술 때도 메스가 절단하는 것은 인간의 정신적 인격이 아닙니다. 하지만 그렇다면 왜 소위 정신외과라는 게 그리 난리법석을 일으킬까요? 감히 말하자면 오늘날 대중 심리의 민감한 콤플렉스를 건드리기 때문입니다.

사람들에게서 어떤 자백이든 받아낼 수 있다면 세상이 어찌 변할까 흔히 생각하곤 합니다. 아울러 정신외과에 이르러서는 뇌수술로 인간의 성격을 바꿀 수 있다면 세상이 어찌 될까 사람들은 생각합니다.

두 가지 공포 상황 모두 인간이 주체가 아닌 의지 없는 객체, 자유로운 개인으로서가 아닌 사물로 다루어질지 모른다는 일반적인 두려움에 근거하고 있습니다. 시술자의 의도대로 자백을 뽑아내거나 구호를 주입시키게 될까 봐요.

마취 분석으로 자백을 얻어내는 것이 불가능함은 앞서 이야기했습니다. 뇌수술로 성격을 바꾸는 것이 가능할까요? 어떤 맥락에서는 다행히도 가능합니다. 특정한 정신질환 사례, 그리고 이 점이 매우 중요한데 가장 까다로운 사례에 정신외과가 도움을 줄 수 있거든요.

이해를 돕기 위해 어떻게 정신외과가 발달하게 되었는지 알아봅시다. 마취 분석과 마찬가지로 정신외과 역시 빈이 기원입니다. 수면제 최면 기법은 카우더스 교수와 쉴더 교수가 개발했고, 정신외과를 위한 실험적 기반은 1932년 푀츨과 호프가 닦았습니다. 하지만 이미 그전에도 전두엽의 특정 질환이 사람의 성격을 변하게 할 수 있음은 알려졌습니다. 전두엽 내부 부위의 위치에 따라 의욕 상실이 일어나기도 하고, 소위 정신박약증의 징후가 보이기도 합니다.

처음에는 의욕 상실을 앓다가 정신박약증의 징후를 보인 사례를 저는 한 번 직접 목격했습니다. 환자는 전두엽의 의욕 상실과 관련 있는 부위에 종양이 있었습니다. 그것을 제거하는 과정에서 어쩔 수 없이 정신박약증의 징후와 연관된 부분에 상처가 나고 말았습니다. 그래서 종양이 있을 때에는 매우 말수가 없고 가만히 침대에만 누워 있던 환자가 뇌수술 후 외과 병동에서 다시 우리 병동으로 귀환하자 전형적인 정신박약증 증상을 보였지요. 증거요? 간호사가 "아무개 씨는 외과에서 얼마나 길게 계셨어요?" 하고 물으니 "여기서와 같이 길이는 똑같지요. 1미터 72센티미터인데요." 하고 대답을 하는 겁니다.

이건 뇌수술의 의도치 않은 결과였습니다. 하지만 정신외과에서는 성격 변화가 시술 목적입니다. 물론 위대한 모니츠가 의도했던 것과는 다릅니다. 수년 전 노벨 의학상을 탔던 포르투갈 출신의 유명한 신경의학자 모니츠는 전두엽의 백질이 병적인 연상관념, 이를테면 병적인 망상과 연관이 있어서 여기를 절제하는 소위 전두엽백질 절제술이나 뇌엽 절제술로 해당 신경을 잘라낼 수 있을 거라 믿었습니다. 그의 본래 의도는 실현되지 않았지만, 때로는 잘못된 이론적 근거가 실질적인 결실을 맺어 결국 중요한 진보를 이루게 하는 발견을 가져올 때가 있습니다.

모니츠 식 수술은 효험이 있긴 합니다. 수술 후의 환자는 수술 전처럼 격한 감정적 흥분에 시달리지도 않고 강박적인 상태에 눌리지도 않습니다. 환자의 본성은 무뎌졌지만 우리의 목적은 환자를 돕기 위해 의학적 수단으로 무디게 만드는 것이었고, 그 점이 수술을 정당화했습니다. 이런 수술은 언제 시행해야 할까요? 원인이 병적인 충동이든 강박이든 불안이든 다른 어떤 시술로도 증세를 경감시킬 수 없었을 때입니다. 수년 전 스트란스키 교수가 강조했듯 뇌엽 절제술은 다른 모든 시술이 실패로 돌아간 후 최종 수단으로 고려될 수 있습니다.

수술의 효과로 불안과 강박과 충동, 그리고 다른 방식으로는 해결할 수 없던 통증도 신경의사들 말대로 자아에서 멀어집니다. 비인간적인 고통을 견뎌야 했던 사람을 수술로 도울 수 있음은 명백합니다. 그로 인해 감정적인 무딤이 뒤따르는 것은 감수해야 합니다. 큰 고통에서 환자를 해방시키기 위해 작은 고통을 택하는 것이지요. 뇌엽 절제술은 실시하기 전에는 어느 쪽이 환자에게 더 장애가 될지, 인간다운 삶을 방해할지 충분히 숙고해야 합니다. 병이 더 문제라면 수술을 권유할 것이고, 수술에 따를 성격의 변화가 더 심각하다면 말아야지요. 수술이 정당화되려면 가능한 부작용들이 장점, 즉 의도했던 효과로 상쇄되어야 합니다.

의사들과 환자들은 모든 시술과 약물 사용 때 부작용을 의식적으로 감수해야 하고, 또 많은 경우 감수해냅니다. 약물이나 수술이 이런 감수를 언제 정당화하는지에 대한 결정을 우리 의사들은 결코 피해갈 수 없습니다. 위험부담이 커질수록 결정도 어려워집니다. 하지만 그것은 의학뿐 아니라 인간들이 사용하는 전반적인 기술이 다 그렇습니다. 우리의 손에 쥐어지는 힘만큼 우리 어깨 위의 책임도 커지는 법입니다.

울병

이제까지 여러 번 신경증을 언급했습니다. 반면 신경증과 대조되는 심리적 질환, 흔히 정신병이라고 부르는 정신 질환은 상대적으로 덜 얘기했습니다. 소위 정신병은 다음 강연의 주제가 될 것이고, 오늘은 우선 좁은 의미의 정신질환이 신경증과는 어떤 차이가 있는지 알아보겠습니다.

자, 흔히 이런 충고를 하죠.

"냉정하고 침착해지세요."

위대한 신경의학자 한스 폰 하팅베르크는 스스로를 억누르고 제어하려 노력하는 것이 더 이상 효과가 없거나 불가능해질 때 신경증이 발발한 것이라고 말했습니다. 인내하고 노력하는 것으로는 해결되지 않을 때에서야 신경증이라는 병이 생긴 것입니다. 그렇지 않다면 단지 성격상의 문제거나 도덕적인 결함일 뿐 진짜 질병은 아니지요. "기분 전환을 해봐요, 다른 일을 찾아보시는 게 어때요, 환경을 바꾸어보세요."와 같은 충고가 통할 때는, 즉 이런 조언들이 고통을 해결하고 도움을 줄 수 있다면 그 사람은 진짜 신경증에 걸린 것이 아닙니다. 잊지 마십시오. 신경증은 병이고 신경증 환자는 병자입니다. 제대로 치료를 해야지 잔소리만 해서는 안 됩니다.

이 점은 정신질환을 앓는 정신병자들에게도 해당됩니다. 신경증이 크게 불안신경증과 강박신경증으로 나뉘듯 정신병 역시 크게 두 가지 분류가 있습니다. 하나는 정신분열증이고, 다른 하나는 이번에 다룰 조울증입니다.

조울증은 사실 정신병이라고 부르기는 뭣합니다. 일반인들이 보기에는 정신보다 기분과 관련된 병이거든요. 조울증은 우울한 기분 상태, 즉 멜랑콜리와 그 반대인 과도한 삶의 기쁨, 지나친 의욕, 병적인 자아도취 상태로 구성됩니다.

우선 조증을 앓는 사람이 어떤 식으로 자신과 주위를 위험에 빠트릴지 생각해봅시다. 그 사람은 스스로의 능력을 과신한 끝에 길에다 돈을 뿌려대거나 정상적인 상황이었다면 절대 감행하지 않았을 모험적인 사업을 벌일지도 모릅니다. 이 상태가 지속되는 기간에 따라서는 환자를 자기 자신으로부터 지키기 위해 한정치산자[1]로 선고하든가 해야 합니다.

---

1) 미성년자, 금치산자와 함께 법이 정하는 무능력자. 심신이 허약하거나 낭비가 심할 때 재산 관리나 처분의 제한을 선고받는다.

방금 기간에 따라서라고 말했는데, 이건 조울증의 중요한 포인트입니다. 조증이든 울병이든 근본적으로는 한정된 기간 동안 지속됩니다. 증상이 발현되었다 사라진 뒤로는 환자가 멀쩡하고 균형 잡힌 상태로 전혀 이상 없이 살아가는 휴지기가 오는데, 휴지기는 몇 년, 심지어 십 년이 넘어갈 수도 있습니다. 울병과 조증이 번갈아 나타나는 환자도 있습니다. 심지어 전 생애 동안 단 한 번 울병을 앓는 사례도 있어서, 증상이 언제 재발할지는 결코 장기적으로 확실히 예측할 수 없습니다.

대신 확실하게 장담할 수 있는 것은 해당 증세가 그 기간이 지나면 근본적으로는 따로 치료하지 않아도 저절로 나아서 사라진다는 것입니다. 이 사실을 아는 것, 그리고 환자와 친지들에게 알려주는 것은 의미 있는 일입니다. 아울러 증상이 매우 심각할 때조차도 그런 낙관적인 전망을 내놓을 수 있다는 것은 정신과 의사의 직업 중 무척 은혜로운 순간입니다.

생각해 보십시오. 환자가 방 안을 왔다갔다하며 자신의 머리를 쥐어뜯고 온갖 믿어지지 않는 범죄를 다 저질렀노라고 스스로를 자학하는 와중에도, 정신과 의사는 환자의 친지에게 울병을 앓고 있는 이 환자가 100퍼센트 건강하던 시절과 똑같은 모습이 되어 퇴원할 수 있노라고 100퍼센트 장담할 수 있다는 말입니다. 이것이 얼마나 대단한 일입니까. 목의 염증이라도 100퍼센트 낙관적인 전망은 못하는데요. 목의 염증도 심하면 관절 류머티즘이나 심장 장애를 가져올 수 있거든요.

물론 울병에 걸린 환자 자신은 낙관적인 전망을 믿지 않을 것이고 믿을 수도 없습니다. 회의주의와 비관이야말로 울병의 증상이니까요. 울병 환자는 수프 그릇마다 떨어진 머리카락을 찾아내고는 제 머리를 쥐어뜯습니다.

마침 생각나는 어떤 환자는 울병에 걸리자 자신은 결코 나을수 없다고 제게 하소연을 했습니다. 하지만 그때 제 앞의 책상에는 그 환자가 서른다섯 번 울병을 앓았던 기록이 놓여 있었습니다. 환자는 서른다섯 번 울병 기간을 거쳤고, 매번 몇 주 지나지 않아 깨끗이 나았습니다. 하지만 그 기록을 들이밀어 봤자 그녀는 귀 기울이지 않았습니다.

논증이나 이성에 호소하는 것, 합리 등은 심각한 상태의 울병에는 듣지 않습니다. 우울함에 대한 반대 논거는 통하지 않아서환자의 기분을 호전시켜주지 않습니다. 그 이유는 간단합니다. 조울증이란 것 자체가 이유가 없는 것이거든요. 전문의들이 말하는 진짜 울병이란 환자가 슬퍼할 만한 아무런 외적, 내적 동기도 없을 때 진단되는 것입니다. 모든 좁은 의미의 정신병이 그렇듯 조울증 역시 정신적인 문제로 생기는 게 아니라 육체적 조건으로 발병하거든요. 각각의 우울한 시기는 정신적인 문제로 시작될 수 있습니다. 하지만 각 시기의 계기가 병의 진짜 원인은아닙니다.

이 병적인 정신 상태가 특정 사건이나 경험과는 무관하다는것을 환자에게 알려주는 것이 중요합니다. 정신이 아닌 육체적 문제로 발병한 진짜 울병의 특징은 환자가 늘상 별것 아닌 이유로 심각한 자학에 빠져 스스로를 비난한다는 점이기 때문입니다. 울병 환자들은 우울한 신경증 환자나 히스테리 환자와는 달리 자신의 병을 주위 사람들을 멋대로 다루거나 주어진 책임에서 빠져나갈 핑계로 삼지 않습니다. 반대로 진짜 울병 환자들은 자신이 주위에 짐이 된다고 자책하고 스스로가 살 가치가 없다고 믿습니다.

자신이 진짜 병에 걸린 건 아니라서 치료받고 환자 대접받을 자격도 없다고 생각하는 겁니다. 이런 환자에게 자기 관리를 못한다고 책망했다가는 독을 붓는 격입니다. 울병 환자 특유의 병적인 자책을 부채질하는 꼴이거든요. 그러므로 의사가 아닌 일반인들은 이런 환자를 위로하거나 기분을 북돋아주려는 어설픈 노력을 그만두어야 합니다. 아마추어 심리치료사들의 활약은 치명적인 결과를 불러올 수도 있습니다.

제대로 치료를 하려면 먼저 제대로 진단을 해야 하지요. 신경증이나 신경증적인 우울 상태와 울병을 구별해내는 진단은 전문가만이 할 수 있습니다. 우울함이 아닌 전반적인 자의식 과잉이나 불안한 흥분 상태가 나타나는 비전형적인 울병도 전문가는 알아냅니다.

그리고 개별 사례에 자살의 위험이 있는지의 여부도 전문의만이 확인할 수 있습니다. 자살이 우려될 시에는 환자를 울병 기간 동안 일시적으로 시설에 수용해 집중 관리를 함으로써 삶에 대한 병적인 환멸로 환자가 자살 시도하는 것을 막는 것도 고려될 수 있습니다. 이런 심각한 상황은 다행히도 드뭅니다. 하지만 약물로도 호전이 되지 않으면 소위 전기 충격 요법으로 뇌에 전기적 기자력를 주어 환자의 기분을 호전시키고 흥분을 감소시키기도 합니다.

물론 육체적이고 화학적인 치료 방식에 병행하여 신경증뿐 아니라 정신병 치료에도 가장 중요한 심리치료를 잊어서는 안 됩니다. 울병을 치유하는 심리치료 방식은 신경증적 우울 상태를 치료하는 것과는 방향이 다릅니다. 울병의 경우에는 환자에게 두 가지를 가르쳐야 합니다.

1. 의사가 내놓는 100퍼센트 낙관적인 전망에 대한 신뢰
2. 스스로에 대한, 그리고 병이 호전되리라는 전망에 대한 인내심

환자는 자신이 진짜로 병에 걸린 건 아니고 그저 자신의 병적인 자책이 문제일 거라 믿을지도 모릅니다. 혹은 자신이 진짜 병에 걸렸는데 그게 절대 낫지 못할 불치병이라 여길 수도 있습니다. 하지만 어느 경우든 환자는 의사의 말과 그 말이 불어넣는 희망에 의지해야 합니다. 그 후에야 환자는 자신의 병을 이따금 해를 가리지만 결국 지나가는 구름처럼 여길 자세를 갖춥니다.

그리고 울병 환자는 자신이 병으로 인해 모든 존재의 의미와

가치를 잃고 세상으로부터도 자기 자신에게서도 살만한 이유를 찾지 못하고 있지만, 눈먼 상태 역시 곧 지나가버릴 것임을 믿어야 합니다. 리하르트 데멜이 언젠가 멋지게 말한 바 있습니다.

"보라. 영원한 복락은 찰나의 고통으로 유희하노니!"

정신분열증

지난번 강연에서는 정신장애의 큰 두 분류 중 하나인 우울증, 특히 울병에 관해 이야기했습니다. 이번에는 두 번째로 정신분열증을 알아보겠습니다.

정신분열증이라는 용어는 어디서 온 것일까요? 취리히의 정신의학자 오이겐 블로일러의 연상 심리학파에서는 정신분열증을 연상 콤플렉스에서 분열해 나온 일파로 보았습니다. 하지만 정신분열증에 걸리면 정말로 인격이 분열하는 건 아닙니다. 이런 오해가 몹시 널리 퍼져 있어서 강조해야겠습니다.

의사는 아니지만 적어도 심리학을 공부한 바 있는 어떤 사람이 저에게 물었습니다. 남동생이 정신분열증에 걸렸는데 혹시 과거에 두개골에 입은 부상으로 정신분열증이 생길 수 있냐고 하더군요.

"있잖아요, 선생님, 제 동생이 중학교 시절에 동급생에게 화판으로 머리를 얻어맞은 적이 있거든요. 혹시 그때 그 아이의 인격이 분열한 걸까요?"

물론 이런 건 불가능합니다.

정신분열증은 영화나 소설에 곧잘 등장하는 의식의 분열과도 아무런 상관이 없습니다. 좀 더 강조를 해보지요. 사춘기의 젊은 이들은 흔히 스스로에 대한 확신을 잃고 자기 자신을 관찰하는 데 열중합니다.

"아아, 내 가슴 속에는 두 영혼이 깃들었구나!"

이런 인용을 들먹이면서요. 한쪽 영혼이 배우처럼 연기를 하는 동안 다른 쪽 영혼은 가만히 지켜보고 있습니다. 이런 젊은이들은 자신을 관찰하는 또 다른 자아가 있다면서 자신이 관객과 배우로 분열되었다고 호소합니다.

하지만 이건 지극히 정상 범주에 드는 일이고, 정신분열증과는 아무런 상관이 없습니다. 자기관찰에 대한 집착은 가벼운 강박신경증 기질에 속하긴 합니다. 하지만 이런 성향 때문에 언젠가 자신이 정신병에 걸리지 않을까 걱정한다면, 제가 그 환상을 깨고 두려움에 바람을 빼놓겠습니다. 경험에 따르면 강박신경증 기질이 있는 사람은 진짜 정신병에는 면역이 되어 있으니까요.

이제는 정신분열증의 하위 분류체계를 알아보겠습니다. 정신의학자들은 주로 세 가지로 구분합니다. 파과병, 긴장증, 그리고 망상형 정신분열입니다. 파과병은 조기에 발현되어 천천히 진행되는 것이 특징입니다. 망상형 정신분열은 가장 중요한 하위체계고요. 관계와 관찰에 관한 망상으로 시작해 피해망상으로 흐르곤 합니다. 눈에 띄는 것은 그 망상이 구조적이라는 겁니다. 망상형 정신분열증 환자들은 주변의 아무렇지도 않은 일들을 모두 자신과 연관 짓는 데서 그치지 않습니다. 그 정도는 신경증 환자들도 하지요. 망상형 정신분열증 환자들은 자기가 적들에게 쫓긴다고 느끼면서 망상 속의 적들을 서로 연결 짓습니다.

적지 않은 정신분열 사례, 특히 망상형일 때는 망상에 환각도 따릅니다. 환청이 자주 일어납니다. 환자는 목소리들이 따라다니면서 자신의 모든 행동을 비웃어대고 명령을 내린다고 하소연합니다. 이런 상태는 환자 자신에게도 고통스러울 뿐더러 때로는 주위 사람들까지 위험에 빠트립니다. 또한 몸 상태와 관련된 환각도 일어납니다. 환자들은 자신의 적이 어떤 파동이나 이상한 전류를 흘려보내는 장치를 쓴다고 합니다. 또한 낯선 이들이 환자 자신의 사고마저도 조종하고 있다고 털어놓지요. 환자들이 모든 경험을 곰곰이 돌이키고는 원거리 최면(그런 건 사실 있지도 않습니다)으로 자신이 조종되고 있는 거라 주장하는 것도 놀랄 일이 아닙니다. 과거의 정신분열증 환자들은 자신들의 체험을 다른 식으로 서술했습니다. 예를 들어 마귀가 들렸다는 식으로요.

정신분열증에서는 과대망상이 생겨나기도 합니다. 하지만 일반인들이 정신분열증하면 흔히 생각하는 것과 비슷한 경우는 극히 드뭅니다.

수십 년 전 저는 커다란 치료소에서 일하면서 수천 명의 정신질환자들을 겪어봤지만, 자신이 중국 천자라고 망상하는 환자는 한 명도 보지 못했습니다. 정신질환자들이 내내 광란의 발작을 일으킬 거라는 일반인들의 생각도 사실과 다릅니다. 발작은 특정한 질환 상태에서도 특정한 기간에만, 즉 일시적으로만 벌어집니다. 하지만 겉으로는 조용해 보인다고 해서 상황이 심각하지 않거나 입원시켜서 집중적으로 치료해야 할 필요가 없는 건 아닙니다.

환자의 친지들은 흔히 환자가 주변 사람들도 다 알아보고 기억력도 온전하기에 정말로 병든 것은 아니라고 주장하곤 하지만, 전문의의 진단은 다르게 나올 때가 있습니다. 사회의학적으로 가장 중요하고 가장 자주 발병하는 정신질환인 정신분열증만 해도 주위를 못 알아보거나 기억력이 쇠퇴하는 증상은 드물게만 나타나거든요. 덧붙이자면 개그맨들은 정신질환자를 흉내 낸다면서 얼굴을 일그러뜨려 괴상한 표정을 짓곤 하는데 이건 정신질환의 징표가 아니라 신경질조차 안 내는 지극히 멀쩡한 사람에게도 다른 이유에서 나타날 수 있는 무해한 증상입니다.

정신분열증의 세 번째 하위체계인 긴장증은 급격히 발병했다 급격히 사라진 후 몇 년 있다 재발하고는 합니다. 울병 환자가 옴짝달싹을 안하곤 하듯 긴장증 환자도 비슷하게 세상과 격리된 상태를 보입니다. 움직이지도 않고 대답도 안하고 가만히 눕거나 앉거나 서 있기만 합니다. 하지만 불현듯 이 상태가 끝나고는 급격한 흥분 상태가 찾아옵니다.

개개의 사례에 흥분 상태가 따를 것인지 아닌지, 그리고 꼼짝도 않는 상태가 긴장병인지 우울증의 일환인지는 전문가만이 구별할 수 있습니다. 그리고 정확한 진단에 따라서만 환자를 일시적으로라도 퇴원시켜 집에서 지내게 할 것인지 아니면 반대로 집에서 보살핌 받던 환자를 격리된 시설에 수용시킬 것인지도 결정을 내릴 수 있습니다.

다른 지역에는 정신분열증도 정신적 이유에서 생기는 신경증의 일종이라는 학설이 널리 퍼져 있습니다. 하지만 유럽의 정신의학자들은 동의하지 않습니다. 하지만 우리 역시 심리치료 또한 중요하고 결정적인 치유 수단으로 간주합니다. 설사 유전적인 요인이 적어도 부분적으로는 발병의 원인이 되었더라도 루돌프 알러스가 조언했듯 치유자들은 유전적 요인은 존재하지 않는 척, 정신적인 요소들의 영향이 무한하다는 전제로 심리치료에 임해야 합니다. 그래야만 심리치료의 모든 가능성을 이끌어낼수 있거든요.

정신질환의 심리치료가 신경증 치료와는 달라야 한다는 점도 명백합니다. 정신질환자를 치료할 때는 환자에게 남아 있는 건강한 부분과 힘을 합쳐 병에 맞서 싸워야 합니다.

가장 먼저 이런 주장을 한 빈의 정신의학자 하인리히 코거러는 환자가 신뢰를 갖도록 재교육하는 것이 중요하다고 강조했습니다. 많은 경우 신뢰를 가르침으로써 이미 유전적 요인을 갖고 있는 사람이 실제 정신분열증을 일으키지 않도록 예방할 수도 있습니다.

하지만 의사의 임무는 예방하고 치료하는 것만이 아닙니다. 치유 가능성이 있는 환자를 치유하는 것 외에 불치의 환자를 돌보는 것도 임무입니다. 그리고 의사가 더 이상 의술의 힘으로 할 수 있는 것이 없을 때라도 한 가지만은 명심하고 다른 이들에게 가르쳐야 합니다. 소위 정신분열증 말기, 환자의 인간다운 모습은 모두 사라져버리고 정신적 폐허만이 남았을 때도 환자는 아직 존중받아야 하는 인간입니다. 설사 장기 수용된 환자가 아무런 쓸모없는 존재로 보일지라도 그는 인간으로서의 존엄성을 여전히 지니고 있는 것입니다.

스스로에 대한 불안

흔히 우리 세기를 불안의 세기라고 합니다. 그러므로 오늘 이 자리에서 사람들의 불안에 대해 이야기해보는 것도 괜찮겠지요. 하지만 이 불안이 과연 무엇에 대한 불안인지는 더 생각해볼 문제입니다. 현대의 실존철학은 모든 불안은 결국 무에 대한 불안이라는 말로 이 문제에 답을 제시하려 했습니다. 심리치료도 좋든 싫든 불안을 다룰 수밖에 없습니다. 저희 신경의들은 불안이 인간의 삶에서 어떤 역할을 하는지 잘 압니다.

보통 불안은 이 삶을 위험에 빠트리는 것, 특히 죽음의 위협을 대상으로 합니다. 의사들이 건강염려증이라 부르는 것은 전반적인 불안이 특정 신체 기관에 응축된 것입니다. 더 이상 막연한 무를 불안해하지 않고 특정한 대상, 이를테면 구체적인 병에 집중되는 순간 불안은 두려움으로 변합니다. 불안과 두려움의 구분은 정신분석학의 창시자 프로이트가 제일 먼저 내세웠지만, 그 기원은 실존 철학의 아버지 키르케고르 시절로 거슬러 올라갑니다.

병에 대한 두려움은 특히 문제가 됩니다. 두려움은 두려움의 대상을 불러오기 마련이니까요. 익사하는 사람은 대부분 익사를 두려워하다 그리 된 거라는 주장이 나온 적도 있습니다. 바람이 생각의 아버지라면 두려움은 사건의 어머니입니다. 이 점은 발병이라는 사건에도 해당됩니다. 어떤 사람이 두려워하는 것, 불안에 차서 예상하는 일은 결국 그 사람에게 벌어지고 맙니다. 얼굴이 빨개질까봐 무서워하는 사람은 그 때문에 얼굴이 빨개집니다. 땀을 흘릴까 불안해하는 사람은 그 불안 때문에 식은땀을 흘립니다.

저희 신경의들은 이 예기불안의 악순환 메커니즘을 압니다. 본래는 금방 사라지는 별것 아닌 증상이 불안을 가져오고 불안은 증상을 악화시키고 악화된 증상으로 환자의 불안은 더 심해집니다. 악순환의 고리가 완성되어 나중에 의사가 개입할 때까지 환자는 그 안에 갇혀 있습니다.

이 악순환이 특히 나쁜 것은 예기불안의 결과로 환자가 스스로를 관찰하는 데 열을 올리게 된다는 점입니다. 말더듬이의 경우를 생각해봅시다. 불안에 차서 그 사람은 말할 때마다 스스로를 감시하고 그 긴장 때문에 더 말이 막힙니다. 혹은 잠이 들려고 온갖 애를 쓰는 사람을 들어보지요. 잔뜩 긴장하여 잠을 자는 데 온 주의를 기울이는 통에 정작 잠들지를 못합니다. 기껏 잠든 후에도 놀라서 깨지요.

"내가 분명 자기 전에 뭔가 하려고 했는데……. 맞아, 잠을 자려 했었지."

신경증적인 사람들을 특히 불안하게 만드는 것은 불안 자체입니다. 신경의들은 이 맥락에서 불안에 대한 불안이라는 표현을 씁니다. 앞에서 언급했던 F. D.루스벨트가 말한 대로지요. "우리가 가장 두려워해야 할 유일한 것은 두려움 그 자체다."

예를 들어 소위 광장 공포증의 증상이 있습니다. 광장 공포증 환자들에게 물어보면, 대부분 그 사람들이 가장 두려워하는 것은 대로에서 불안에 떨다 심장발작이나 뇌출혈을 일으키는 것, 혹은 기절하는 것입니다. 불안신경증 환자가 불안을 두려워하듯 강박신경증 환자는 강박을, 자신의 강박관념을 무서워합니다. 혹시 장차 정신장애에 걸릴 징조가 아닌가 해서요. 이 불쌍한 사람들은 벌써 시설에 수용된 기분이라고 자기 입으로 말합니다.

하필 강박신경증 환자들이 이런 두려움을 갖는 건 비극입니다. 왜냐면 심각한 정신장애에는 걸리지 않을 만한 면역이 되어 있는 사람들이 세상에 있다면 바로 강박관념에 시달리거나 강박 기질이 있는 이들이거든요. 정신병에 걸릴까봐 병적으로 무서워하는 것 자체가 강박관념인데, 이런 사람들에게는 그 신경증이 바로 정신질환에 대한 예방접종이라고 말해주어야 합니다. 제아무리 두려움에 떨어도 그 사람들은 정신병에 걸리고 싶어도 못 걸립니다.

하지만 강박신경증 환자들이 무서워하는 것은 또 있습니다. 그들은 자신이 언젠가 극장이나 교회에서 발작하여 비명을 질러대거나 다른 사람과 단 둘이 한 공간에 남겨지면 그 사람에게 덤벼들까봐 두려워합니다. 그래서 그들은 심사숙고하여 칼과 포크, 가위 같은 것들을 주위에서 치우고는 혼자 틀어박힙니다. 또는 열려 있는 창문이나 높은 층을 꺼리는데 행여 자신이 충동적으로 그 아래로 몸을 던질까 봐서입니다. 하지만 이 환상도 깨주어야 합니다. 진짜로 자살을 한 사람들 중 강박충동으로 저지른, 즉 강박관념의 결과로 자살한 사람은 없거든요. 그리고 강박관념 때문에 다른 사람 목을 조르거나 심지어 벌레 한 마리 죽인 사람도 없습니다.

죽음에 대한 불안이 기원이라는 말을 했습니다. 그것은 사실상 무에 대한 불안이기도 합니다. 하지만 사람들을 불안하게 만드는 무란 사실은 그 사람 외부가 아닌 내면에 존재합니다. 그리고 이 내적인 공허함에서 사람들은 자기 자신을 두려워하고 스스로에게서 도망치려 합니다. 혼자 있는 걸 피하려 하지요. '혼자 있다'는 것은 자기 자신과 함께 있어야 한다는 뜻이니까요.

그리고 보통 사람들이 혼자 있어야만 하는 시기는 언제일까요? 하던 일이 멈출 때입니다. 즉 주말, 일요일입니다. 〈Gloomy Sunday〉라는 축축 늘어지게 만드는 노래가 있습니다. 이 노래를 듣고 자살한 사람들이 많다고 해서 악명이 높은데, 비단 음반사에서 매상을 올리려고 지어낸 이야기만은 아닐 겁니다. 신경의 들에게 잘 알려진 증상으로 일요신경증이라는 것이 있습니다. 주중의 바쁜 활동이 멎는 일요일에 사람들이 감지하게 되는 황량함과 공허, 존재의 의미 없음이지요. 모든 노력이 목적 없고 목표 없다는 느낌을 저는 존재적 좌절이라고 부릅니다. 우리들 내면 깊이 자리한 의미에 대한 갈망이 채워지지 않은 결과지요.

예전 강연에서 이 의미에 대한 의지를 아들러의 개인심리학이 인정받고자 하는 욕구라는 형태로 일리 있게 설명한 권력에의 의지 개념과 대비시켜 본 적이 있습니다. 그리고 프로이트의 정신분석학이 쾌락원칙이라는 형태로 인간을 최종 지배한다고 확신했던 쾌락의 의지와도 대비시켜 보았습니다. 일요신경증의 경우를 보다시피 의미에 대한 의지가 채워지지 못해 좌절한 다음에야 쾌락 의지가 들어서서 인간의 본질적, 존재론적 불만족을 의식 차원에서나마 마취시켜 양심의 앞에서 몰아내려 합니다.

전반적으로 존재적 좌절이, 특히 소위 일요신경증의 경우 자살로 끝날 수도 있음을 하이델베르크 내과의 플뤼게는 50건의 자살 시도 사례를 연구하여 밝혀냈습니다. 질병이나 경제적 고난, 직업상의 혹은 다른 갈등이 아닌 놀랍게도 오로지 하나, 희망 없음, 내용 없는 권태가 사람들을 자살로 몰고 갔습니다. 의미 있는 삶의 내용을 찾으려던 노력과 갈망이 채워지지 않았던 결과로요.

관리자병

이미 건강염려증 환자들은 최신 질환이 하나 나타났다고 서로 연락을 돌리는 중입니다. 곧 그들 사이에서 '나 암인가 봐' 식의 염려증은 곧 유행이 지날 것입니다. 대신 '혹시 나도 관리자인 거 아냐?'가 오늘날 대세입니다. 이렇게 광범위하게 유행을 타고 있는 새로운 건강염려 공포의 조류에 맞추려면 이 대중 강연에서도 '관리자병'을 다뤄야겠습니다.

이 용어는 지나치게 많은 부담을 지고 사는 사람들이 은퇴할 만한 나이가 채 들기도 전에 육체적, 정신적으로 쓰러져버리는 것을 가리킵니다. 이리 쓰러졌다가는 그대로 이른 죽음을 맞기 십상입니다. 단기간의, 혹은 만성적 소화 불량 증세뿐 아니라 심장마비나 뇌출혈에 고혈압까지 겹치곤 하거든요. 정신적으로 늘 압박감에 눌리던 것이 혈관에도 반영이 되어 처음에는 일시적

혈관 기능 장애를 겪다가 나중에는 혈관계가 구조적으로 변해버립니다.

여러분을 안심시켜 드리도록 이 질병 형태들이 치유 가능할 뿐 아니라 예방도 가능하다고 말씀드립니다. 이해를 돕기 위해 좀 더 광범위한 차원에서 관리자병의 위치를 점검해보겠습니다.

우선 관리자병은 기술적 진보에 따른 문명병에 속합니다. 하지만 이 자리에서 기계문명을 욕하는 세력에 합세하려는 건 아닙니다. 기술비판가들은 흔히 자가당착에 빠지는데, 첫째로 자신들이 수천 명의 청자들에게 기계를 욕할 수 있는 것도 마이크나 스피커 등의 기계문명 덕임을 잊고 있습니다. 그리고 둘째로는 오늘날 유행하는 기계문명 비판은 배은망덕한 일입니다. 기술적 발전 때문에 온갖 질병들을 진단하고 치료하고 예방하는 게 가능해졌으니까요.

이러한 점들을 제쳐두더라도 이 시대착오적인 기계 파괴자들은 중요한 점을 간과하고 있습니다. 도스토예프스키의 표현을 빌리자면, 인간은 뭐든지 적응할 수 있는 존재임을 이 사람들은 놓치고 있습니다. 인간들은 문명을 통해 스스로 바꿔낸 새로운 삶에 다시 적응해낼 수 있습니다. 이 적응력도 의심을 하는 이들에게는 다음의 사실을 들겠습니다.

지난 세기에 의학 전문가들로 구성된 국립 조사반이 보고하기를 기차 속력이 너무 빨라져서 사람들이 병에 걸리고 말 거라 했습니다. 그리고 몇 년 전만 해도 사람이 음속 비행을 견딜 수 있을까라는 걱정스러운 의문이 돌았습니다. 하지만 기술로 인해 독이 되는 단점이 있다면, 인간은 해독제 또한 곧 개발해낼 수 있습니다. 금방 찬양받았다 욕먹었다 하는 기술은 의학 분야에서 오늘날 인간들의 평균 기대 수명을 확연히 늘렸습니다. 그 때문에 노화로 인한 전형적인 질병들 또한 자주 발병하게 된 것은 감수해야만 하지요.

그뿐이 아닙니다. 콜라트 교수가 통계로 증명하기를, 지난 수십 년간 의학은 감염증들을 치료하고 예방하는 데 탁월한 성과를 거두어 왔습니다. 예전에 그리 많은 사람들을 죽음으로 몰고 갔던 폐렴도 전무후무하게 퇴치되고 있습니다. 그러나 1921년 이래 잘못된 식습관, 무엇보다 교통사고로 몸이 상하고 죽는 사람들이 급격히 늘어나면서 이 성공을 맞받아칩니다. 교통사고가 느는데 죄가 있는 것은 기술의 발전 자체가 아니라 그 기술을 오용하는 사람들입니다.

요아힘 보다머가 말했듯, 오늘날 자동차는 중부유럽의 대중들에게 삶의 수준을 보여주는 잣대가 되었습니다. 보통 사람들은 과시를 위해 비싼 차를 사려고 악착스럽게 일을 합니다. 그러다 건강이 상할 지경으로요. 이런 사람들은 때에 따라서는 차를 장만하기도 전에 차 때문에 죽습니다. 또한 이런 과시욕 때문에 점점 높은 목표를 좇게 되지요.

제가 알던 중 가장 전형적인 관리자병이던 환자가 있습니다. 검진 결과 그렇게 일하다가는 목숨을 잃을 판이었습니다. 하지만 내과 검진으로는 그 사람이 처한 위험은 보여도 병의 근본 원인은 볼 수 없었습니다. 그 사람이 그리 일에 몰두하여 과로하는 이유는 정신과 검진 끝에야 밝혀졌습니다. 그 사람은 돈은 충분했습니다. 개인 비행기까지 소유하고 있을 정도였어요. 하지만 그게 그 사람이 죽어라 일을 해댄 이유기도 했습니다. 그냥 비행기 말고 제트기가 갖고 싶었대요.

개개의 사례에서 벗어나 관리자병의 전반적인 치유와 예방법을 알아보자면 다음 사항들이 중요합니다.

1. 과도한 흥분을 피할 것
2. 충분히 잠을 잘 것
3. 단지 몸을 움직여 일할 뿐 아니라 몸을 단련시키는 운동을 할 것

그리고 세 번째는 두 가지 맥락에서 의미 있습니다. 첫째로 과도한 부담, 즉 캐나다의 연구자 셀예가 스트레스라고 정의한 것만이 사람을 병들게 하는 것은 아님을 입증합니다. 갑자기 부담이 사라지는 것 또한 병을 유발할 수 있습니다. 저희 신경의들에게는 잘 알려진 사실입니다.

예를 들어 전쟁이나, 전쟁 포로로 수용되어 있던 상황에서 많은 부담을 지고 있었던 사람이 정작 육체적, 정신적으로 해방되고 나자 무너지고 마는 걸 저희는 익히 보았습니다. 이 문제의 정신적 측면에 관해서 예전에 잠수병 비유를 든 적이 있지요. 수

압이 높은 심해에서 물 밖으로 나올 때 서서히 압력을 낮추지 않고 급하게 올라오게 되면 건강상 치명적인 해를 입고 맙니다. 무거운 정신적 압력에서 갑자기 해방되는 사람도 마찬가지입니다.

정기적인 신체 단련으로 관리자병을 예방하는 이야기로 돌아가 봅시다. 병이 발발한 지역에는 그 병을 치유하는 약초도 함께 자란다는 민간 속설대로입니다. 관리자병이 생겨난 현대에는 동시에 스포츠도 큰 붐이 일었습니다. 그리고 스포츠는 문명의 독인 문명병에 시달리는 사람들의 해독제로 기능합니다. 물론 이 몸에 좋은 스포츠에 수동적인 참여는 해당되지 않습니다. 집 텔레비전 앞에 앉아서 국가대표 팀의 경기를 시청하는 건 효과가 없습니다. 아울러 기록에만 집착하는 스포츠도 안 됩니다. 부작용이나 오용이 본래의 의의를 가리지는 않습니다.

문명의 발전과 문명병, 관리자병과 스포츠라는 짝을 돌아보면, 인간은 한 문제를 똑같은 다른 문제로 대체하는 게 아니라 더 작은 문제로 바꿔가고 있다는 희망이 듭니다.

자비인가 살인인가

살인을 죄악시하는 정치적, 이념적 분위기에서도 불치병 환자, 특히 불치의 정신병 환자를 죽이는 것만은 이해할 수 있는 정당한 일이라고 보는 견해들이 흔합니다. 단지 아프다는 이유로 환자들은 '살 가치가 없는 생명'이 되어 죽음의 위협을 받거나 정말로 죽임당했습니다. 저는 이제 안락사를 정당화시키는 암묵적 전제들을 하나씩 점검하며 가능한 설득력 있는 반대 논거를 들어보도록 하겠습니다.

우선은 이 '불치'라는 게 무엇인지 생각해봅시다. 전문가가 아닌 여러분들께는 이해하기도 힘들고 오해도 불러일으킬 설명들 대신 제가 직접 겪은 구체적인 한 사례를 들겠습니다.

어느 시설에 소위 억제 상태[1]에 빠진 젊은 남자가 수용되어 있었습니다. 5년 동안 그 사람은 말 한마디 안하고 음식도 스스로 먹으려 들지 않아 코에 관을 끼워 공급받았으며, 다리 근육이 위축될 때까지 꼼짝하지 않고 누워만 있었습니다. 만약 시설을 견학하는 의학도들에게 이 환자를 보여주었다면 학생들 중 하나는 분명 이리 물었을 겁니다.

"선생님, 이런 사람은 그냥 죽는 편이 더 낫지 않아요?"

이제 그 환자의 변화가 안락사에서 빈번히 야기되는 질문에 중요한 답을 제시합니다. 어느 날, 아무런 눈에 띄는 계기도 없이 환자는 침대에서 일어나 간호인에게 다른 사람들처럼 밥을 먹게 해달라며 부탁하고는 또 걷기 연습을 시작해야겠으니 침대 밖으로 나오게 해달라고 말했습니다. 그 외 모든 상황에서도 경우에 맞게 정상적으로 행동했고요. 점점 그의 다리 근육은 제 힘을 찾기 시작했고, 몇 주 지나지 않아 환자는 완치되어 퇴원할 수 있었습니다. 얼마 후 그는 다시 예전 직업으로 돌아갔을 뿐 아니라 빈의 문화 센터에서 자신이 예전에 했던 외국 산악 여행에 대한 강연을 하며 그때 찍은 매우 멋진 사진들을 보여주었습니다.

그리고 한번은 제 부탁으로 몇 명의 심리치료가들 앞에서 시설에 수용되어 있던 5년간 그의 내면에서 무슨 일이 있었는지 이야기할 자리를 마련했습니다. 그는 그 기간 동안의 모든 흥미로운 체험들을 말해주었을 뿐 아니라 겉으로 보기에는 알 수 없

---

1) 무기력 상태. 보이지 않는 끈으로 꼼짝없이 묶여 있는 듯한 기분

었던 그의 내면에 얼마나 대단한 것들이 숨겨져 있었는지도 알려주었습니다. 뿐만 아니라 회진 때만 환자들을 보고 마는 의사들은 알 수 없는 중요한 디테일들에 대해서도 우리는 배우게 되었습니다. 환자는 몇 년이 지난 후에도 이런저런 사건들을 기억했는데, 설마 그 환자가 다시 건강해져서 기억들을 털어놓으리라고는 상상도 못했을 간호인들이 기겁할만한 내용들이었습니다.

일반적으로 모두가 보기에도 불치인 사례가 있긴 합니다. 하지만 그런 병례들이 언제까지 불치로 남아 있을지 누가 장담합니까? 불치로 통하던 정신장애들이 설사 완치는 되지 않더라도 새로운 치료 방법으로 증세가 경감된 일이 지난 수십 년간 벌어져왔지 않습니까? 또 우리가 지금 쩔쩔매는 정신장애를 치유할 만한 방법이 우리는 모르는 세상 어느 병원에서인가 한창 개발 중일지 누가 압니까?

여러분들이 무슨 근거를 더 생각하고 계실지는 압니다. 그러므로 정신병에 걸린 사람들을 죽이는 모든 사례에 대한 일반적이고 근본적인 검토로 들어가겠습니다.

자, 만약 우리가 정말로 모든 걸 알 수 있어서 환자가 지금뿐 아니라 앞으로도 치유될 수 없음을 절대적으로 확신할 수 있다고 칩시다. 설사 그렇다 해도 누가 의사에게 죽이는 권리를 줍니까? 세상에 의사가 그러라고 있나요? 의사의 임무는 오히려 할 수 있는 한 사람을 구하고 도움을 주고 정 치유할 수 없는 환자들을 돌보는 것이 아니었습니까? 의사는 자신에게 맡겨진 사람의 삶과 죽음을 결정하는 재판관이 아닙니다. 설사 환자 스스로 의사에게 모든 것을 맡기더라도요. 겉보기에, 혹은 진짜로 불치의 환자가 있다고 해도 그 사람이 소위 살 가치가 있는지 없는지 판단하는 권한은 의사에게 없습니다. 결코 그런 권한을 넘보아서도 안 됩니다.

만약 의사의 이 권한이 불문법으로 자리 잡혔다가는 어찌 될까요. 전 환자와 친지들이 의사라는 직종에게 갖던 신뢰가 모조리 사라질 거라 확신합니다! 저 의사가 도와주고 낫게 해주려고 나한테 다가오는 건지 아니면 판사에 형리 노릇을 하려는 참인지 어찌 압니까.

여러분들은 이런 논거를 대실 겁니다. 국가가 의사에게 쓸모없는 잉여 인간들을 치워버릴 권한과 의무를 부여한다면 방금 한 얘기는 근거가 사라지지 않느냐고요. '국가는 건강하고 멀쩡한 사람들에게 돌아갈 밥을 축내는 비생산적인 개인들을 공공의 이익을 위해 없앨 책임이 있는 것 아니냐' 하는 의견이 있을 수도 있습니다. 음식이나 병원 침대, 의사와 간호 인력 등을 소비하는 문제라면 다음과 같은 사실을 인정하는 순간 논의는 끝납니다.

전체 인구 중 극소수에 불과한 불치병 환자들을 제거해야 할 정도로 경제난에 시달리는 국가라면 이미 그 환자들이 아니더라도 경제적으로 망한 거나 다름없습니다. 그 논거의 다른 한쪽을 살펴봅시다. 불치병 환자는 인간 사회에 더는 이바지하는 바가 없으므로 돌보는 게 비생산적이라는 사실 말입니다. 하지만 인간의 삶을 정당화하는 것은 공동체에 대한 물질적 기여만이 아닙니다.

반쯤 몸이 마비되어 창가 안락 의자에 앉아 꾸벅꾸벅 조는 할머니는 참 비생산적으로 보이지요. 하지만 자식과 손자들은 그녀를 사랑해서 극진히 돌봅니다. 그녀를 사랑하는 이들에게 그녀는 다른 누구도 대신할 수 없는 할머니입니다. 직업 생활을 하며 공동체에 기여하는 다른 이들이 대체될 수 없는 존재인 것이나 마찬가지로요.

다음과 같은 논거를 드실 분도 계시겠군요.

"말씀하시는 건 일반론으로는 맞을지도 모릅니다. 하지만 인간이라 불릴 자격도 없는 불쌍한 생명체들, 정신박약 아이들한테는 해당이 안 되지 않나요?"

그러나 부모들이 이런 아이들을 얼마나 예뻐해서 극진히 돌보는지 아신다면, 경험 있는 심리치료가가 아닌 분들은 놀라실 겁니다. 안락사 조치로 인해 아이를 잃은 어머니의 편지 중 한 부분을 읽어보겠습니다. 이 편지는 빈의 일간 신문에 실렸습니다.

자궁 안에서부터 두개골 기형이라 제 아이는 1929년 6월 6일 태어날 때 불치의 상태였어요. 전 그때 열여덟 살이었습니다. 눈에 넣어도 아프지 않을 아이라 애지중지 끔찍이 사랑했어요. 저희 어머니와 저는 이 가

없은 것을 도와주려 뭐든 했지만, 허사였지요. 그 아이는 걸음마도 못하고 말도 못 배웠지만, 전 젊었기에 희망을 버리지 않았어요. 밤낮으로 일해 내 예쁜 딸에게 영양식이랑 약을 대줬어요. 그리고 그 작고 앙상한 손을 제 목에 두르게 하고 "우리 딸은 엄마가 좋아?" 하고 물어보면, 그 애는 찰싹 안겨서 까르륵 웃어대며 서툴게 제 얼굴에 작은 손을 비벼댔어요. 그럴 때면 전 행복했어요, 그 모든 어려움에도 불구하고 한없이 행복했습니다.

굳이 다른 말을 덧붙이진 않겠습니다. 아직도 여러분들은 저를 반박할 근거가 떠오를지도 모르겠습니다. 불치의 정신병 환자를 죽이는 의사는 의사 표시를 할 수 없는 환자를 대신해 행동하는 거라고요. 자신에게 진짜 이로운 것을 환자가 정신장애로 스스로 판단할 수 없기 때문에 의사는 대리자로서 행동할 권한과 의무를 가지고 있다는 주장이지요. 이때 죽이는 행위는 만약 환자가 자신의 상태를 안다면 실행할 자살의 대행이라는 겁니다. 이번에도 제가 직접 겪은 사례로 반박하겠습니다.

제가 젊어서 내과 병동에서 일할 때 어느 젊은 동료가 스스로 입원했습니다. 자기 손으로 진단한 결과 수술도 할 수 없고 몹시 위험한 암이 이미 진행된 와중이었던 겁니다.

게다가 그의 진단은 정확했습니다. 색소암이라고 하는 특이한 형태의 암으로 소변 반응 검사를 통해 확인할 수 있는 것이었지요. 우리는 그의 소변을 다른 환자 것과 바꿔치기해서 음성 반응 결과를 보여주었습니다. 하지만 그가 무슨 일을 했을까요?

어느 날 밤 연구실에 숨어들어와 자기 소변을 검사한 후 이튿날 다른 의사들이 회진을 돌 때 들이댔습니다. 당황한 저희들은 아무런 손도 못 쓰고 이 친구가 이러다 자살하겠구나 걱정했습니다. 그 친구가 근처 카페라도 간다며 병원 밖을 나갈 때면 저희는 떨면서 카페 화장실에서 독극물이라도 삼키면 어쩌나 했습니다. 하지만 진짜로는 무슨 일이 벌어졌을까요? 병이 진전 될수록 환자는 자신의 진단을 의심하기 시작했습니다. 암이 간으로 전이되었을 때는 그게 별것 아닌 간질환이라고 진단까지 내렸습니다.

그리고 삶의 끝이 다가올수록 그의 살고 싶은 의지는 더욱 커져서 코앞의 종말도 보지 않으려 했습니다. 이 상황은 각자 해석하시기 나름입니다. 객관적이고 분명한 사실은 그 사람이 살고 싶어 했다는 것입니다. 그리고 이 사실을 우리는 모든 다른 비슷한 사례에도 대입해야 합니다. 우리는 단 한 명의 환자라도 그의 살고 싶은 의지를 부정할 권리가 없습니다.

환자가 스스로 자살 시도를 하여 더 이상 살고 싶은 마음이 없음을 입증했을 때도 우리 의사들은 안락사를 거부해야 합니다. 자살 시도를 한 환자에게 의사가 개입하는 것은 권한일 뿐 아니라 의무기도 합니다. 의사는 환자를 살려내기 위해 모든 수단을 강구해야 합니다. 운명에 따르라고요? 아니요, 자살 시도자를 운명에 맡기는 의사는 자신이 운명 노릇을 하고 싶어 하는 것뿐입니다. 만약 자살 시도자가 정말 죽을 운명이었다면, 어떻게 그 환자가 때맞춰 발견되어 의사에게 보내졌겠습니까?

정신적 저항력에 대해서

정신과 의사가 환자에게 무엇을 해야 할지, 어떻게 행동해야 할지 똑똑히 알려주는데도 환자가 이의를 제기할 때가 많습니다. 자기는 아무것도 할 수 없다고, 그럴 힘도 없고 필요한 의지력도 없고 한마디로 자기는 의지가 약하다고요. 정말로 의지가 약하거나 강한 사람이 있을까요? 아니면 그런 것은 자기 변명에 불과할까요?

흔히 뜻이 있는 곳에 길이 있다고 말들을 합니다. 하지만 전이 문장을 변형시켜서 목적이 있는 곳에 의지가 있다고 주장하렵니다. 다른 말로 하자면 눈앞에 분명한 목표가 있고, 정말로 그 목적을 위해 노력하는 사람은 의지력 타령은 하지 않습니다.

하지만 유감스럽게도 자기는 원래 의지가 약하다고 변명하는 사람들은 거기서 그치지 않고 세상에 자유 의지란 존재하지 않으므로 그냥 이런 식으로 살 수밖에 없다고 말합니다. 이와 관련해서 경험 있는 심리치료사와 신경의는 뭐라고 할까요. 정말로 대중들 사이에 널리 퍼진 얼치기 과학 지식이 주장하는 바가 맞을까요? 예를 들어 캘리포니아의 어느 연구자가 주장하는 대로 인간은 생식선의 지배를 받을 뿐이어서 호르몬이 곧 운명이고 인간들의 도덕적 견해 역시 사실은 생식선의 상태에 좌우된다는 게 사실일까요? 혹은 프로이트 같은 대학자가 설파한 대로 인간은 본능적 충동에 지배되며 자아란 인간 정신의 진짜 주인이 아닌 걸까요?

인간에게 본능적 충동이 있음은 아무도 부인하지 못합니다. 그리고 앞에서는 보수적인 탈을 쓰고서 뒤쪽으로 외설적인 짓을 하는 시대에는 위선의 가면을 벗겨내고 본 얼굴에 거울을 들이대는 것이 의미 있었습니다. 프로이트는 자신이 할 일을 무척 잘 알고 있었지요. 스위스의 정신의학자 루트비히 빈스방어와의 대담에서 그는 이리 말했습니다.

"인간은 자신이 정신적인 존재임을 이미 알고 있다. 내가 해야 하는 일은 본능 또한 존재함을 인간들에게 보여주는 것이다."

하지만 그동안 세상과 사회는 변해오지 않았습니까? 오늘날의 인간도 자신이 정신적인 존재임을 자각하고 있다고 말할 수 있을까요? 오히려 오늘날의 인간들은 지나치게 자주 자신의 정신성과 자유, 그리고 책임을 잊지 않습니까? 정신분석학 용어를 빌리자면, 프로이트 시대의 사람들이 본능에 대해 알기를 거부했던 것처럼 요즘 사람들은 정신성을 억압하고 있지 않습니까?

실제로 요즘 사람들이 정신적인 것에 질렸거나 지쳤음을 알아보기는 어렵지 않습니다. 사람들은 정신성과 자유와 책임을 내던져버리고 싶어 합니다. 이것이 또한 시대정신의 병리학에 속한다고 할 수 있는 증상들이기 때문에, 오늘날의 심리치료는 프로이트가 했던 것과는 정반대의 방향에서 현대의 집단신경증을 치료해야 합니다. 크래머 교수는 정신치료의 새로운 시대가 열렸다고 적절하게 표현한 바 있습니다. 이와 같은 맥락에서 신경의 루트비히 클라게는 다음과 같이 말했습니다.

"여태까지는 지나치게 강조되었던 정신성이 인간의 영혼에 해가 되었지만, 앞으로의 새로운 심리치료는 인간의 영혼을 낫게 하기 위해 정신성과 동맹을 맺어야 한다."

프로이트에 맞서 이렇게 이해할 수도 있습니다. 오늘날의 사람들은 자신이 본능을 가졌다는 건 충분히 압니다. 그들에게 보여주어야 할 사실은 반대로 그가 정신성과 자유, 책임 또한 지니고 있다는 것입니다. 시대의 한복판을 살고 있고 또 시대에 대응할 준비가 되어 있는 우리들, 오늘날의 정신과 의사들은 다시금 인간의 자유와 책임을 선포해야 합니다.

이런 이의가 제기될 수 있을 겁니다. 인간이 유전과 교육, 환경 등의 조건에 좌우되는 존재임을, 좀 더 신화적으로 표현하자면 혈통과 터전에 지배되는 존재임을 여지껏 증명해온 건 바로 과학, 특히 신경정신학이 아니었냐고요. 인간의 정신적 특성은 타고나는 것이 아닌가? 그리고 육체적 타입에 따라 성격도 결정되는 것이 아닌가? 이런 말을 하는 사람들은 심리학과 생물학, 사회학에 대해, 즉 인간 특유의 육체적, 정신적, 사회적 조건에 대해 한참 잘못 알고 있습니다.

본래의 인간다움이란 제가 정신적 저항력이라 부르는 힘으로 모든 주어진 조건을 극복해나가는 데 있지요.[1] 강력하지만 절대적이지는 않은 조건들 중에는 성격도 있습니다. 인간은 자신의 성격으로부터도 자유를 발휘할 여지가 있습니다. 추상적인 소리 대신 더 구체적인 예를 들겠습니다.

어느 젊은 여성 환자를 치료하던 심리치료사가 그녀에게 비겁하게 살고 있다고, 내내 삶으로부터 도망치려 한다고 비판했더니 환자는 이렇게 맞섰습니다.

"선생님은 저한테 뭘 바라시는 건데요. 전 전형적인 알프레트 아들러 이후의 세대라고요."

그녀는 자신이 개인심리학에 따르면 바꿀 수 없는 특성들을 지녔기 때문에 그냥 그리 살아야 한다는 것이었습니다. 전형적인 신경증적 행동방식이죠.

운명의 힘에 대한 미신, 숙명론입니다. 일단 자신이 어떠어떠

---

1) 게르트루트 파우크너 박사의 지적이다. 다행히도 언제나 저항력만을 발휘해야 하는 것은 아니다. 인간이 유전과 환경, 본능에 저항해야 할 때가 있듯 다른 한편으로는 유전과 환경, 본능 덕택에 이룰 수 있는 것도 있다.

하다는 생각을 하면 거기에 속박됩니다. 내 성격이 이렇구나 하고서는 안주하는 거죠. 운명이 준 것을 인간은 자기 식대로 바꿀 수 있으며, 또 그것을 적어도 시도라도 해보기 전에는 운명이라는 말을 할 자격이 없음을 잊고서요. 운명이 이미 결정되었다고 믿는 사람은 결코 운명을 이겨낼 수 없습니다.

이것은 내 안의 운명, 즉 내면의 힘과 본능, 충동에도 해당됩니다. 물론 인간은 본능을 가지고 있고, 이걸 부정할 학자는 없습니다. 하지만 인간이 본능을 소유했지 본능이 인간을 소유한 게 아닙니다. 본능을 아예 부정하거나 본능에 따르는 것을 무조건 비판하려는 건 아닙니다. 다만 본능에 따르기에 앞서 본능을 거부할 수도 있는 자유 역시 전제되어 있음을 확실히 해두려 합니다. 어떤 본능보다도 먼저 강조되어야 하는 것은 그 본능을 따르지 않을 수도 있는 근본적인 자유입니다. 인간은 자기 자신 또한 거역할 수 있는 존재입니다. 언제나 스스로에게 '아멘'을 외칠 필요는 없는 겁니다. 제 환자들이 자기는 원래 이렇게 태어나서 어쩔 수가 없다느니 원래 주위 영향을 잘 받는다든가 천성적으로 수동적이라든가 의지가 약하다는 소리를 할 때면 저는 늘 이리 물었습니다.

"당신이 이러저러한 특성을 가졌다고 합시다. 하지만 계속 그러라고 놔두어야겠습니까?"

원점으로 돌아갑시다. 인간에게는 본능이 있습니다. 하지만 동시에 자유도 있습니다. 그리고 이 점이 바로 인간을 동물과 구분 짓습니다. 동물은 본능을 가진 게 아닙니다. 그냥 본능 자체일 뿐입니다. 내가 곧 본능인 거죠. 하지만 인간은 본능을 따르기 전에 매번 본능과 자신을 동일시하는 과정을 따로 거쳐야 합니다.

한편 인간이 자유를 가졌다는 말은 완전히 옳은 표현은 아닙니다. 짐승은 본능과 동일시되고, 인간은 자유와 동일시됩니다. 인간이 곧 자유 자체입니다. 단순히 소유한 것은 언젠가는 잃을 수도 있습니다. 하지만 인간은 자유와 합체되어 있기에 자유를 잃을 수가 없습니다. 설사 인간이 스스로 자유를 포기하더라도, 그 결정 자체는 자유 의지로 행해지는 겁니다.

자유를 부정하는 철학 조류가 있음은 압니다. 이쪽 철학자들은 인간이 자신이 자유로운 것처럼 느끼고 살긴 하지만, 실제로는 이 자유롭다는 느낌은 자기기만이라고 합니다.

반대로 주장하는 철학자들도 있습니다. 인간은 스스로가 자유롭다고 느낄 뿐 아니라 진짜 자유롭다고요. 철학자들 간의 이 팽팽히 맞선 싸움은 신경의도 중재할 수 없습니다. 다만 신경의들이 알려줄 수 있는 것은 특정한 정신 상태에서는 자신이 부자유하다고 느낄 수도 있다는 것입니다. 꼭 정신장애가 있을 때만은 아닙니다.

정상적인 실험 대상도 소위 LSD를 백만 분의 1그램만 주입하면 중독 상태에 빠집니다. 이것이 몇 시간 지속되지는 않습니다만, 이상한 감각적 혼란을 느끼게 됩니다. 예를 들어 자신의 몸의 형태가 변해서 팔다리가 엄청나게 커진다든가 주위 사람들의 얼굴이 초현실주의자가 그려놓은 그림처럼 일그러지는 식으로요. 이런 변화들에서 특히 중요한 것은 많은 실험 대상들이 천연 LSD의 일종인 리세르그산lysergic acid으로 인한 중독 상태에서 자신이 자동인형이나 꼭두각시가 된 양 느낀다는 것입니다. 자신이 부자유한 존재라고 느낀다는 이야기지요.

여기서 더 나아가봅시다. 정말로 몇몇 철학자들이 주장하는 대로 인간의 의지가 자유롭지 못하다면, 그 철학자들의 주장이 진실이라면 우리 인간들은 그 진실을 체험하기 위해 리세르그산 등을 이용하여 중독 상태에 빠져야 하는 모양입니다. 위험한 신경독을 사용해서만 체험할 수 있는 진실이 대체 무슨 의미입니까? 원래 정상적인 인간은 부자유한 존재고 자유 의지도 없는데 평소에는 그걸 전혀 의식하지 못하고 자기기만을 하다가 리세르그산 환각제를 통해서만 진실에 다다를 수 있다는 게 말이 되는 것 같습니까?

그보다는 인간이 스스로를 자유롭게 느끼고 또 진짜로 자유로우며, 리세르그산 같은 신경독을 통해서만 자유가 사라진 듯한 환각을 느낀다고 하는 편이 더 그럴듯하지 않습니까? 판단은 여러분 각각의 건강한 판단력에 맡기겠습니다. 하지만 이 점을 잊지 맙시다. 인간이 자유롭고 말고의 여부는 이론만으로 결정되는 것이 아니라 실천으로, 바로 지금 여기 우리가 하는 행동을 통해 드러납니다.

의학적 견지에서 본 정신과 육체의 관계

간이 부었다든가 속에 걸리는 게 있다든가 싫어도 눈 딱
감고 속으로 삼켜야 하는 상황이라든가 하는 표현들을
쓸 때가 있습니다. 하지만 이게 얼마나 딱 맞는 표현인지는 쓰는
사람들 자신도 모릅니다. 이 표현들은 은유가 아니라 사실을 있
는 그대로 말하고 있거든요.

'싫은데 속으로 삼킨다'와 관련 있는 예를 들어보지요. 어느
이탈리아 연구자가 다음과 같은 실험을 했습니다. 실험 대상들
에게 최면을 건 후 당신들은 가난하고 보잘 것 없는 직원들인데
보스는 매우 재수가 없는 성격이라 사사건건 직원들을 볶아대고
괴롭혀서 당신들은 내내 억눌린 채 살아간다고 암시를 주었습니
다. 절대 반항도 못하고 모든 걸 눈 딱 감고 삼켜야 한다구요. 결
과는 어땠을까요? 이탈리아 연구자는 실험 대상들을 차례로 뢴

트겐 촬영을 해서 위장의 상태를 자세히 보았습니다. 그랬더니 모든 실험 대상들이 공기 연하증을 겪고 있지 뭡니까. 다들 무의식적으로 공기를 연신 삼켜서, 비정상적으로 많이 주입된 공기로 위가 부어 있었습니다. 진짜로 공기 연하증을 앓아 위가 붓고 횡격막이 올라가며 심장이 압력을 받아 사소하지만 여러 가지 불편함을 겪는 환자들도 바로 이런 식으로 본인 의지와는 상관없이 무의식적으로 공기를 삼킵니다. 그리고 진짜 공기 연하증 환자들의 속사정을 알아보면 공기 말고도 뭔가 부끄럽거나 불쾌한 체험을 속으로 삼킨 경우가 드물지 않습니다.

오늘날에는 이런 육체와 정신의 상관관계가 의학자들에게 잘 알려져 있습니다. 그래서 아픈 사람들을 치료할 때는 질병 자체만 보는 게 아니라 앓고 있는 당사자Homo patiens까지 보아야 합니다.

신체와 정신의 관계에 집중하여 탐구하는 것은 특히 심신의학 분야입니다. 이 관계를 과장하여 모든 질병은 육체적인 질병까지도 반드시 특정한 정신적 체험에 기반하고 있다고 넘겨짚는 일도 없지 않아 있습니다. 심신의학의 기본 법칙은 마음에 병이 있는 사람만 병에 걸린다는 것입니다.

하지만 사실이 아닙니다. 예를 들어 협심증 발작은 종종 의식적이거나 무의식적인 흥분, 특히 불안으로 인한 흥분에 기인하곤 합니다. 하지만 실은 불안으로 인한 흥분뿐 아니라 기쁨에 겨운 흥분 역시 심장 발작을 일으킬 수 있습니다. 아들이 오랜 세월 동안 전쟁 포로로 있다 돌아왔더니 심장 발작을 일으켜 쓰러졌다는 어머니들의 사례가 있습니다. 몸은 마음의 거울이지만, 거울에 얼룩이 있다고 해도 마음은 멀쩡할 수 있는 겁니다.

육체적인 변화가 꼭 정신적 체험의 표현인 것도 아니고, 육체적 병을 앓는 사람이 언제나 정신적으로도 문제가 있는 건 아닙니다. 육체가 정신적 체험을 표현할 수 있다면 반대로 육체적인 요인이 정신에 영향을 미칠 수도 있지 않을까요. 그 점을 입증하기 위해 경험으로 확인된 사실들을 들겠습니다. 너무 장황해지지 않도록 갑상선기능항진증[1]을 앓는 사람들의 사례로 제한해 보지요. 이 환자들은 전반적으로 불안을 잘 느낄 뿐 아니라 특히 광장 공포에 잘 시달린다는 정신적 특징이 있습니다. 약물 치료로 갑상선의 호르몬 분비를 정상적인 수치로 내릴 경우 불안증 역시 같이 낫습니다.

하지만 육체와 정신의 관계라는 맥락에서 특히 명심할 것은 다음 면모입니다. 모든 불안은 그 근원을 따지자면 양심의 불안이라고 했었죠. 단순하게 결론을 내려보자면 갑상선 호르몬이 과잉분비될 때 사람은 불안을 느끼게 되니 양심의 정체란 갑상선 호르몬에 다름 아니라는 결론에 이르게 됩니다.

여러분도 저만큼이나 이 결론이 말이 안 되고 웃긴다고 생각

---

1) 혈액 속에 갑상선 호르몬이 과도하게 생기는 병. 신진대사가 과도하게 활발해져 갑상선이 커지며 눈이 튀어나오고, 심장이 빨리 뛰며 손끝이 떨리고 땀을 많이 흘리며, 음식을 많이 먹는데도 체중이 줄어드는 따위의 증상을 보인다.

하실 겁니다. 하지만 캘리포니아 의대의 교수 한 명은 진짜로 이런 결론을 내렸습니다. 거꾸로 된 사례를 들긴 했죠. 갑상선의 항진 말고 기능 저하를 근거로 그 캘리포니아 동료는 다음과 같은 논증을 펼쳤습니다.

"갑상선 기능 저하로 지적 발달이 떨어지는 크레틴 병 환자에게 갑상선 호르몬을 주입하면 지능지수가 올라가는 것을 확인할 수 있다. 고로 인간의 정신이란 갑상선 호르몬에 다름 아니다."

다른 예를 들어봅니다. 모든 게 동떨어져 보이고 심지어 자기 자신까지 낯설게 느껴지는 감각에 고생하는 사람들이 있습니다. 저희 정신의학자들은 소격체험[2]이나 이인증이라고 일컫는 증상입니다. 여러 가지 정신적 질환에 곁들여 나타나는 증상이지만 그 증상 자체는 심각한 게 아닙니다. 그리고 이 정신적 증상은 부신호르몬을 소량 주입하면 치유가 됩니다. 정상적인 자아 감각이 돌아오지요. 그렇다고 인간의 인격이, 자아가 부신호르몬에 불과하다고 주장할 수는 없습니다.

좀 더 자세히 들여다보면, 우리가 신체와 정신의 관계를 탐구할 때 쉽게 빠질 수 있는 오류가 나옵니다. 우리는 전제조건과 결과를 엄격하게 구별할 줄 알아야 합니다. 정상적인 갑상선과 부신은 정상적인 정신 활동의 전제조건이지만, 인간의 정신 활동이 유기체의 호르몬 생산과 같은 화학적 과정만으로 이루어지

---

2) 자아에 대한 인식을 잃어버리거나 외계에 대하여 실감이 따르지 않는 병적인 상태. 신경증이나 분열증의 초기 또는 극도로 피로할 때에 나타난다.

는 것은 아닙니다.

방금 유기체란 말을 했습니다. 유기체는 기관들, 다시 말해 도구들의 총합입니다. 인간의 정신 활동은 화학 작용에 의해 이루어지는 것도 아니고 화학 작용으로 설명할 수 있는 것도 아닙니다. 대신 정신과 육체의 관계는 명연주자와 악기의 관계에 비할 수 있습니다. 명연주자는 좋은 악기를 필요로 하듯, 인간의 정신도 가능성을 다 펼쳐내기 위해서는 제대로 동작하는 유기체를 기본적으로 필요로 합니다. 명연주자가 명기에 의존하듯이요. 제 아무리 신이 내린 피아니스트라도 제대로 조율 안 된 피아노로 어찌 명연주를 해내겠습니까. 만약 피아노의 조율이 잘못되었으면 어떻게 하죠? 조율사를 불러다 악기를 도로 제대로 맞추죠. 피아노뿐 아니라 사람도 조율이 잘못 될 수 있습니다. 우울증에 빠지거나 기분이 저하가 되거나 합니다. 그럴 땐 어떻게 하냐고요? 특정한 경우에는 환자에게 전기 충격 요법으로 삶의 활기를 불어넣어줍니다. 하지만 갑상선 호르몬이 곧 정신력은 아니듯 삶의 활기가 곧 전기력은 아닙니다.

소위 정신화학은 이런 유의 잘못된 결론으로 사람을 유도하고는 합니다. 정신화학에 열중한 사람들이 몰두하는 온갖 화학 물질들은 정상적인 정신활동을 위한 필요조건이지만 충분조건은 아닙니다. 정신외과라 불리는 것 또한 사람들을 오류로 인도할 수 있습니다. 의학자 L. 클라게는 '뇌 관찰에 대한 미신'이라고 표현한 적이 있습니다. 물론 외과적인 조치로 정상적인 정신

활동에 필요한 조건들을 변화시킬 수 있습니다. 병으로 인해 변화를 겪은 부분을 도로 정상화시켜서 뇌가 처한 조건들을 바꾸고 더 낫게 만들어줍니다.

하지만 뇌 외과의의 메스가 인간의 정신, 한 인간의 영혼 자체를 다루는 것은 아닙니다. 만약 진짜 그리 믿는다면 의학은 극악한 물질주의와 별반 다를 바가 없겠죠. 정신은, 인간의 영혼은 뇌에 자리한 것이 아닙니다. L. 클라게는 뇌 연구의 과업은 영혼이 있는 자리를 찾는 것이 아니라 정신 활동을 위한 전제 도구로서 뇌의 작용을 알아내는 것이라고 했습니다. 그는 딱 맞는 비유를 했습니다.

"전등으로 밝혀진 방에서 퓨즈를 떼어내면 불이 나간다. 하지만 퓨즈가 있던 자리가 빛이 있던 자리라고는 아무도 생각하지 않을 것이다."

하지만 뇌에 영혼이 위치해 있지 않다고 아예 영혼이 존재하지 않는다고 생각하는 것은 더 큰 오류입니다. 언젠가 공개 토론 와중 젊은 기술자가 현미경 같은 걸로 뇌에서 영혼을 보여줄 수 있느냐고 물었습니다. 어째서 현미경 증거를 원하느냐 반문하니 진리 탐구를 위한 욕망 때문이라고 그는 대답하더군요. 딱 하나만 그에게 더 물었습니다. 당신의 진리 탐구욕은 육체에서 나온 것이냐, 혹은 정신에서 생긴 것이냐고요. 그는 그것이 정신적 욕망이라 인정했습니다. 그 사람이 찾고 싶어 했지만 눈으로 발견할 수 없었던 존재는 사실은 그의 탐구 자체의 원동력이었던 겁니다.

강신론

강신론이나 신비주의처럼 학문적 용어의 탈을 쓰고 있는 미신이 대중들 사이에 퍼지고 있습니다. 셸러가 언젠가 말했듯, 인간들은 신이 아니면 우상이라도 숭배해야 성이 차나 봅니다. 좀 더 보충해서 인간은 신앙이 없으면 미신이라도 믿고 본다고 표현할 수도 있겠네요. 그리 생각하면 오늘날 널리 퍼져 있는 종교적 방황, 영적인 것의 현존에 대한 회의가 어째서 사람들로 하여금 대신 귀신들에 관심을 갖게 만드는지 이해가 갑니다. 물론 이 자리에서는 미국의 학자 라인이 착수한 진지한 유사 심리학적 연구나 기적에 대한 신학적인 시각 등을 다루지는 않겠습니다. 신학계에서는 이미 기적에 대한 정립된 시각이 있고, 라인의 연구에 대해서도 결론이 났습니다.

이 자리에서 얘기하고자 하는 것은 '실험' 과정에서 기만, 특히 자기기만이 들어가는 자칭 강신론입니다. 왜냐면 이 강신론은 정신위생이라는 측면에서 위험한 구석이 있고, 제 강연은 바로 정신위생을 위한 것이니까요.

저뿐 아니라 경험 있는 정신의학계 동료들이라면, 정신적으로 병에 걸리기 쉬운 사람들이 강신론자들의 패거리에 끼어 있다가 진짜 발병하는 예들을 무수히 압니다. 강신론 자체가 발병의 원인까지는 아니더라도 계기는 된 것이지요. 또 다른 경우에서는 누군가가 강신론에 몰두하게 되었다는 사실 자체가 정신장애의 첫 증상이기도 했습니다.

건강한 판단력을 지닌 사람이라면 때에 따라서는 이런 수상쩍음을 눈치 챕니다. 하지만 건강한 판단력을 가진 사람 또한 쉽게 현혹되는 경우가 있습니다.

제가 아는 어느 여성은 잠복해 있는 질병들을 진단해내는 그녀의 초자연적인 능력을 검증해 보이겠다고 나섰습니다. 저는 그녀를 신경과 외래 병동으로 초대했고, 그녀는 거기서 온갖 황당한 소리들을 이론적 배경이랍시고 설명하더니, 이윽고 문제의 능력을 시험대에 올려놓기 시작했습니다. 하지만 그녀의 진단 중 맞는 것은 하나도 없었고, 심지어 겉으로 보이는 징조들 덕택에 진단 내리는 것이 그리 어렵지 않은 상황에서조차 그녀는 틀렸습니다. 그런데 빈의 제법 명성 있는 어느 인문학자가 일부러 이 여성을 찾아가 그녀의 대단한 진단력에 깊은 감명을 받았다는 말을 했다고 합니다. 전 더 놀랐을 수밖에요.

그리하여 저는 정교한 속임수도 꿰뚫어볼 수 있는 그 분야의 전문가가 참여하지 않은 이상 학문적 연구 또한 불완전하다는 개인적 견해를 얻었습니다. 물정 밝고 교활한 마술사들의 기술은 끗발 날리는 범죄자들도 한 수 접고 사부로 모실 지경입니다. 방금 이야기한 '초자연적' 재능을 가진 그녀는 적어도 스스로 의학적 검증을 받겠다고 나섰습니다. 그러나 일반적인 경우 이런 능력이 있다고 주장하는 사람들은 검증을 피하려 듭니다.

최근 출판된 학술 논문 중 유일하게 완전히 의학적으로 검증된 사례는 미린 다요입니다. 다음 내용은 스위스의 의학자 슐래퍼와 운트리츠의 엄정한 연구 결과에 의거한 것입니다.

미린 다요는 정신의 힘으로 육체를 보호할 수 있다며 자신은 절대 상처를 입지 않는다고 주장했습니다. 이것을 증명하기 위해 그는 매일 저녁 스위스의 공연장에서 펜싱 검으로 가슴을 찔러 심장을 관통했다고 목격자들은 증언합니다.

하지만 이 증언은 대중 암시의 결과입니다. 펜싱 칼은 그의 가슴을 뚫긴 했지만, 언제나 오른쪽 가슴이었음이 나중에 입증되었지요. 그렇다면 미린 다요가 피를 왜 한 방울도 흘리지 않았느냐는 의문이 나올 것입니다. 거기에는 대중 암시도 필요 없습니다. 펜싱 칼은 횡단면이 둥그스름하여 날이 없었거든요. 둥근 탄환이라도 빠르게 박히면 사람을 다치게 할 수 있지만, 펜싱 칼은 미린 다요의 몸 안으로 천천히 들어갔고 덕택에 혈관을 피할 수 있었습니다. 혈관은 찢겨나가지도, 잘리지도 않았어요. 왜냐면 그 부위의 조직은 탄력이 있어서 설사 혈관이 다쳤다 해도 다시 아물었을 거거든요.

미린 다요의 경우에는 대중 암시뿐 아니라 자가 암시 또한 큰 역할을 했습니다. 통증이 느껴지지 않는다는 자기 암시 덕택에 찔렸을 때 피가 나지 않았을 가능성도 있습니다.

예전에 제가 이끌었던 의사들을 위한 최면 수업 과정에서 시술 대상으로 자원한 간호사가 있었습니다. 전 그녀에게 팔 아래쪽의 특정 부위에 통증이 느껴지지 않는다는 암시를 준 후 수업 참여자들에게 정말로 그 부위가 무감각해졌음을 보여주기 위해 그곳의 살을 집어 두꺼운 주사바늘을 꽂았는데 간호사는 그 와중 한 번 움찔거리지도 않았습니다. 그리고 바늘을 빼낸 뒤에도 피가 나지 않았어요. 찔린 부위에서 피가 흐른 것은 제가 그녀를 최면에서 깨운 후였습니다.

제 견해로는 미린 다요의 경우에는 자가 암시는 작용하지 않았습니다. 그가 거듭 스스로를 상처 입히면서도 아픈 낌새를 보이지 않았던 것은 그리 놀라운 일이 아닙니다. 미린 다요를 검사한 학자들도 밝힌 사실인데, 찔린 내부 기관들은 애당초 통각이 없는 기관들입니다. 우리는 뇌를 통해 통증을 느끼지만 역설적으로 뇌 자체는 통각이 없습니다. 그래서 뇌수술을 할 때는 부분 마취만 하여 환자의 의식이 완전히 남아 있는 상황도 가능하지요. 물론 피부가 뚫릴 때는 아프고 이때는 자가 암시가 작용할 수도 있었겠지만, 그건 대단한 게 아닙니다.

잔뜩 겁먹은 환자의 요추부에 바늘을 꽂아 척수액을 채취해야 할 때면 전 때때로 환자에게 해당 부위에 노보카인을 주사해서 마취를 시키겠다고 약속합니다. 그리고는 환자가 노보카인을 맞는 중이라고 믿고는 자신은 아무 감각도 못 느낀다고 확신하는 동안 저는 척수액을 뽑아버립니다. 그리고 제가 환자 앞에 척수액이 담긴 시험관을 흔들어 보이기 전까지는 환자는 정말로 마취제 없이 척수액이 뽑혔음을 믿지 못하곤 했습니다. 그만큼 통증이 없었거든요.

일반적인 경우에는 부분 마취조차도 필요 없습니다. 환자는 자신의 건강과 쾌유를 위해 자기 절제력을 발휘해 주사 바늘이 꽂히는 통증을 견뎌내거든요. 날마다 수백 명의 의사들이 수천 명의 환자에게 주사를 놓아도 환자들은 눈 한번 깜짝 안 하고 그걸 견뎌내는데, 매일 밤 출연료를 받는 흥행꾼이 그걸 못 견디겠습니까? 하지만 흥행꾼이 무대 위에서 온갖 신비로워 보이는 준비들을 하고 태연하게 긴 바늘을 자기 뺨에 꽂아 보이면 어떨까요? 그건 엄청난 효과를 발휘합니다. 구경꾼들은 자신도 그날 오후 의사의 진료실에서 출연료도 받지 못하면서 저 흥행꾼이 행하는 것과 똑같은 일을 견뎠음을 잊어버리고 맙니다.

미린 다요의 동기는 출연료가 아니라 그의 이상, 평화에 대한 신념이었습니다. 그는 실험과 쇼를 통해 자신의 신념을 사람들에게 인상적으로 심어주고 싶었던 거지요. 'de mortuis nil nisi bene'라는 말처럼, 죽은 사람에게는 좋은 말만 해줍시다. 미린 다요는 단검과 비슷한 뾰족한 도구를 무력화할 수 있음을 보여주겠다고 그걸 삼켰습니다. 의사들의 사전 경고는 수포로 돌아갔지요. 의사들의 사후 수술도 수포로 돌아갔습니다. 그런 상황에서 할 수 있는 건 부검뿐이었고, 그래서 부검 결과를 포함하여 정말로 완전한 진단서를 작성할 수 있었습니다. 극단적인 사례라 혹시라도 흉내 내는 것은 극구 말리고 싶습니다. 성서에는 칼이 쟁기로 변하게 되리라는 말이 있지만, 미린 다요가 한 것처럼 펜싱 검 같은 무기를 자기 가슴에 찔러 넣는 방식으로는 세계 평화를 이룰 수 없습니다.

정신의 영적인 힘이라면 다른 방식으로 위험 없이, 그리고 더 인상적으로 보여줄 수 있습니다. 귀신 부르는 의식을 추가하든 안하든 강신술 집회 따위는 영적인 것의 가치를 떨어트리는 짓이고, 그런 것으로는 세상을 영적으로 더 낮게 만들 수도 없습니다. 세상에는 영적인 것이 존재하지만 진짜 정신적인 힘은 어두컴컴한 방에서 꽃병을 깨트리는 폴터 가이스터[1]와 같은 짓은 하지 않습니다. 정말로 인간이 나눌 수 있는 정신성은 탁자를 흔들어대는 힘이 아닙니다. 오히려 이런 강신술은 건전한 정신을 가진 보통 사람들로 하여금 진짜 영적 진실에 대한 미심쩍은 선입견을 갖게 만듭니다. 오늘날의 세상이 정말로 필요로 하는 영적 진실에 힘을 불어넣어주는 대신요.

---

1) 집 안에 원인 모를 소리나 사건을 일으키는 유령. 심령 현상의 하나로 보기도 한다.

현대미술에 대하여

정신의학자들은 현대미술에 대해 뭐라 말할까라는 질문을 던지는 즉시 다른 질문이 나올 겁니다. 정신의학자들이 현대미술 같은 주제에 대해 나서서 이야기할 자격이 있기는 한가 하고요. 그에 대해서는 이리 답변하겠습니다. 현대미술에 대해서는 참 여러 곳에서 화젯거리가 됩니다. 쓸데없는 가십일 때도 있고, 진지한 대화일 때도 있지요. 현대미술을 옹호하는 사람만큼 반대하는 의견도 많아서 때때로 고발의 대상이 되기까지 합니다. 그렇다면 고발장이 이리 많이 쌓였으니, 정신의학 전문가의 입장에서 진단서를 한번 뽑아볼 만도 하지 않을까요?

그러나 여기서 벌써 첫 번째 문제가 닥칩니다. 정신의학자는 미술에 있어서는 아는 것이 없습니다. 정신의학자가 아는 것은 사람의 정신이지요. 그러므로 정신의학자는 현대미술 자체에 대해서는 말할 것이 없지만 그 작품을 만든 예술가에 대해서는 아는 것이 있습니다. 전 예술가 몇 명을 알고 있기 때문에 진료실에서의 경험을 바탕으로 말씀드리렵니다.

우선 저는 극히 현대적인 미술을 하는 예술가를 제법 알고 있는데, 그들 중에는 정신의학적 견지에서 완전히 정상인 사람들이 여럿 됩니다.

한편 저는 여러 해에 걸쳐 신경증이나 정신질환에 걸린 화가들도 꽤 알게 되었는데, 그들은 대부분 자연주의적이나 사실주의적 화풍으로 그립니다.[1] 그 사람들의 정신장애 진단은 의학적 증상에 근거해서 내린 거지 특정한 예술적 화풍을 보고 내린 것이 아닙니다.

이젠 두 번째 질문이 나옵니다. 작품을 가지고 창조자의 정신세계를 의학적 견지에서 추정해볼 수 있을지에 관한 것인데요, 이 시도를 한 사람들은 많습니다. 주로 아마추어 정신의학자들이었지요. 관련해서 특히 떠오르는 것은 연극작품을 평할 때마다 오이디푸스 콤플렉스나 다른 콤플렉스들을 주워섬기는 게 대단한 건 줄 아는 요즘의 여러 언론인과 예술 비평가들입니다.

현대 예술가들 중 상당수는 스스로 무의식의 영향을 받아 창조한다는 주장을 하고 있다 생각하는 분들도 계실 겁니다. 그래

---

1) 정신병원 원장의 집에서 내가 본 앤트워프의 그림들은 한 점만 **빼면** 모두 현대 화풍으로 그려진 것이었다. 그 예외적인 한 점은 인상주의 화풍이었고, 그림들 중 그것만을 유일하게 환자가 그려냈다.

서 소위 무의식에 대한 자동 생산을 어찌 보아야 할지 궁금해 하시는 분들이 계실 것으로 생각됩니다. 앞서 예술 비평가들이 정신의학자 흉내를 낸다고 말했습니다. 덧붙이자면 여러 예술가들은 그 장단에 맞추느라 정신분열증 환자 흉내를 내면서 정말로 무의식을 그대로 재생해내는 척합니다. 하지만 정신의학자의 견지에서 말씀드리자면, 그 사람들의 연기는 참 수준이 낮습니다.

정말로 정신질환에 걸린 환자들의 그림은 어떻게 생겼는지 궁금하실 분들도 계시겠군요. 제가 보기에는 늘 간과되는 점 하나를 먼저 알려드리겠습니다.

정신질환자의 예술적 생산물이나 예술 소리 듣는 생산물들이 시설들에서 수집되어 정신의학자들의 세계 학회 같은 자리에서 전시되는 경우가 있습니다. 그렇다 해도 전시물들은 미리 심사를 거쳐 선정된 겁니다. 심사기준은 얼마나 눈에 띄고 특이하냐 하는 것이었는데, 제가 정신의학 병동에서 오랜 세월 근무하면서 본 대부분의 생산물들은 깊이라고는 조금도 없습니다. 물론 내용 면에서는, 이를테면 소재 선정 같은 데서는 환자가 앓는 정신장애의 영향이 엿보이지요. 하지만 형식적인 면, 화풍에 대해 말하자면 기껏해야 간질성 조증을 앓는 환자의 그림은 똑같은 무늬를 반복 사용하는 경향이 있더라 하는 정도입니다.

물론 잊지 말아야 할 것이 하나 있습니다. 화가로서 정말로 실력이 있다 해도 정신질환에 안 걸린다는 보장은 없습니다. 진짜 화가, 진정한 예술가도 정신적으로 앓을 수 있습니다. 상황이 최선일 때는, 즉 화가가 병의 불행 속에서도 운이 좋을 때는 예술적 재능은 저하되지 않아 계속 예술적 생산을 해낼 수 있습니다. 하지만 그건 정신질환에도 불구하고 이루어진 것이지, 정신질환 덕택에 가능한 게 아닙니다. 정신질환 자체는 결코 생산적이지도 않고 창조적이지도 않습니다. 창조적인 것은 오로지 인간의 정신이지 정신이 앓고 있는 병, 소위 정신병은 아닙니다. 다만 인간의 정신이 이 무시무시한 정신병의 운명과 대적하는 가운데 마지막 창조력을 이끌어낼 수는 있지요.

하지만 그렇다 해도 반대 방향의 오류를 저질러서는 안 됩니다. 병 자체에 창조적인 힘이 있다고 믿는 것이 오류이듯, 창조자의 정신질환을 근거로 작품의 예술적 가치를 깎아내리는 것도 오류입니다. 가치와 비가치, 진실과 거짓에 대해서는 정신의학이 판단할 바가 아닙니다. 니체의 세계관이 진실이냐 거짓이냐의 여부는 니체가 앓았던 마비와는 관련이 없습니다. 횔덜린의 시가 아름다운지 그렇지 않은지 하는 것도 그가 앓았던 정신분열증과 상관이 없습니다. 저는 언젠가 매우 단순화해서 설령 정신질환자가 그리 주장한다 해도 2곱하기 2는 4가 맞다고 표현한 적이 있습니다.[2]

---

2) 빅터 E. 프랭클의 글. 〈Psychotherapie und Weltanschauung - Internationale Zeitschrift für Individualpsychologie〉 1925년 9월 판에 수록. 왜냐하면 정상이 아닌 것이 곧 그른 것은 아니기 때문이다. 잿빛 안경을 쓰고 세상을 보았다는 쇼펜하우어의 주장이 가능한 만큼, 쇼펜하우어는 옳게 보았고 나머지 정상적인 인간들이 장밋빛 안경을 쓰고 있는 것, 즉 쇼펜하우어의 우울증이 틀린 것이 아니라 건강한 인간들의 삶의 의지가 그들로 하여금 삶이 살만한 가치가 있다는 망상 속으로 빠져들게 한 것이라고 주장할 수도 있다.

이제 제기되는 질문은 현대미술과 정신질환자들의 생산물 사이에 공통분모가 있는지, 있다면 어떤 것인지에 관한 것입니다. 저는 논란의 여지를 생각해서 의도적으로 '창조물'이라는 말을 쓰지 않고 있습니다. 답을 하자면 여러 정신질환자들은 어떤 면에서 현대미술가들과 비슷한 상황에 처해 있습니다. 환자는 슈토르히가 '결코 살아보지 못한 세상'이라고 근사하게 표현한 바 있는 상황에 어떻게 대처해야 할지 모릅니다. 그리고 자신에게 벌어지는 이 괴상하고도 무서운 경험을 어떻게든 표현해보려고 애를 쓰지만, 기존의 일상 언어로는 이 낯선 체험을 표현해낼 수 없습니다. 그래서 새로운 말을 만들어내고, 이 신조어들은 특정 정신질환자들에게 흔한 증상으로 저희 정신의학자들에게 알려져 있습니다.

한편 우리 시대 고유의 새로운 문제들과 맞서는 현대의 예술가들 역시 비슷한 상황에 처하죠. 기존의 옛 형식으로는 더 이상 새 시대의 문제를 담아낼 수 없습니다. 따라서 우리가 궁금히 여기던 정신질환자와 현대미술가의 공통분모는 표현의 위기에 있습니다. 이런 공통점 때문에 예술가들을 나쁘게 봐서는 안 됩니다. 표현의 고난은 수치스러운 게 아닙니다. 어느 시대에나 표현의 위기는 있었고, 어느 시대에나 그 나름의 현대예술이 있었지요! 게다가 이런 표현의 위기는 정신적으로 볼 때 모든 분야, 모든 정신 영역에서 벌어집니다.

현대철학과 현대 정신의학에서도 같은 어려움을 겪지 않던가요? 예를 들어 마틴 하이데거의 문장은 난해한 문체와 그가 만든 신조어들로 가득 차 있습니다. 저는 예전에 어느 강연에서 이런 실험을 한 적이 있습니다. 하이데거의 책에서 뽑은 한 문장과 그날 제가 만나 대화를 나누었던 정신분열증 환자에게서 받아 적은 문장 둘을 섞은 후 청중들에게 어느 문장이 유명한 철학자의 책에서 나온 것이고 어느 문장이 정신질환을 앓고 있는 환자가 말한 것이겠냐고 물었습니다. 청중들의 절대 다수는 위대한 철학자의 말을 정신분열증 환자의 것으로 여기고, 정신분열증 환자의 말이 하이데거의 저작에서 나온 거라 손을 들었습니다.

스위스의 정신의학자 루트비히 빈스방어가 언젠가 하이데거는 단 한 문장만으로도 같은 주제에 대해 쓰인 도서관의 책 전체를 역사의 유물로 만들어버렸다고 찬탄한 바 있는데 말입니다. 그 찬사가 맞다 치면 하이데거가 일부러 신조어들을 만들던 것은 이런 역사적 과업을 이루어내기 위해서가 아니었을까요? 하이데거가 기존의 낡은 개념으로는 자신의 철학을 펼칠 수 없었다면, 그것은 기존 언어의 문제지 하이데거와 그의 독특한 문장 스타일의 문제가 아닐 겁니다.

예술가들이 처한 표현의 어려움에 대한 이야기는 이로써 마치겠습니다. 마지막으로 이런 질문이 떠오릅니다. 현대미술은 얼마나 진지하게 평가될 가치가 있는 걸까요? 우선 저는 정신의학자의 측면에서밖에 답변할 수 없음을 강조해야겠습니다. 자, 이 경우 '진지하게 평가한다'는 것은 어떤 의미일까요? 진정성을 인정한다는 정도로 생각하시면 되겠습니다. 그리고 진정성의 문제에는 정신과 의사도 다음과 같은 할 말이 있습니다.

현대미술의 이런저런 특징적 스타일이 본래는 어느 예술가의 정신적으로 특이한 면모에서 기인하여 창조된 것일 수도 있습니다. 특이한 정신적 면모와 그 창조물이 어떤 암시적 힘을 발휘하여 다른 이들에게도 유행하는 것일 수 있습니다.

무언가가 일단 유행하게 되면 조만간 기회주의자들이 거기 낍니다. 그리고 이런 기회주의자들 사이에는 예술도, 감상하는 대중도 진지하게 여기지 않으면서 스노비즘[3]에 젖은 세상을 속여서 한탕 할 궁리만 하는 자들이 있기 마련입니다. 이 모든 상황이 있을 수 있습니다. 하지만 정신의학자로서의 저는 한 가지를 확신합니다. 현대미술가들 중에, 그리고 특히 유난히 대담한 창작품을 내놓는 현대미술가들 중에도 진정성을 인정받을 만한 사람들이 분명히 있음을요.

저는 정신과 병동에서 실제로 일하는 과정에서 환자들이 자신의 예술적 의도를 옳게 전달하기 위해 내적으로 쉴 새 없이 투쟁하고 정직하게 애를 쓰며 예술적 생산을 하는 모습을 봤습니다. 저처럼 예술가가 작품 하나를 완성하기 위해 아흔아홉 장의 도안을 그렸다 버리거나 그리던 작품 아홉 점을 버리고 열 번째 완성품에야 자신의 창작자로서의 양심에 부합한다고 인정하는

---

3) 고상한 체하는 속물근성, 또는 출신이나 학식을 공개적으로 자랑하는 일.

과정을 보아온 사람이라면, 예술에 대한 평가를 성급히 내리기에 앞서 조심하고 신중한 태도를 취할 겁니다. 얼핏 보기에는 대충 막 그린 듯한 것이 사실은 내적인 필연성에 의해 창조되었음을 알 테니까요.

이런 진정한 예술가들의 비율이 얼마나 되는지는 저는 모릅니다. 그 질문에 답하는 것이 제 일도 아니고요. 하지만 현대미술가들 중 단 한 명이라도 이런 진정한 예술가가 존재한다면 우리는 정신의학까지 들먹여가며 현대미술을 도매금으로 쓰레기로 낙인찍는 대신, 진정한 예술과 그렇지 못한 예술을 구별해내는 법을 배우기 위해 노력해야 할 것입니다.

의사와 환자의 고통

의사가 늘상 고통받는 사람들을 대면하게 된다는 것은 다들 납득하실 겁니다. 하지만 두 가지 고통, 필수불가결한 고통과 불필요한 고통을 구별해야 한다는 것을 아는 분은 적습니다.

불필요한 고통이란 치유를 통해 제거할 수 있거나 예방을 통해 피할 수 있는 고통입니다. 예를 들자면 의사는 수술 등으로 통증의 원인을 제거해 고통을 없애줄 수 있습니다. 외과적이고 극단적인 치유법이지요. 모든 병이 의학의 힘으로 치유할 수 있는 것이 아님을 알아야 합니다. 그렇더라도 의사에게는 중요한 사명이 남아 있습니다. 통증의 원인을 제거할 수 없다면 적어도 완화해줄 수는 있어야 합니다. 일반적으로 통증의 완화는 수술을 통한 외과적인 수단이 아닌 약물의 도움으로 이루어집니다.

여기서 우리는 문제에 부딪힙니다. 병을 치유하는 것이 불가능할 때 통증이라도 완화해준다는 것이 무슨 수단을 써서라도 무조건 이루어야 할 만한 절대적인 사명인지에 대한 논란이 생기는 것이죠. 이를테면 의사가 환자의 통증을 줄여주기 위해 환자의 수명 자체까지 줄여 벌어지는 상황도 상정이 가능합니다. 바로 안락사의 문제입니다.

물론 안락사는 금지되어 있고 저는 이미 앞서 왜 안락사가 허락되어서는 안 되는지 이야기한 적이 있습니다. 일반적으로 안락사는 약물을 이용해 실행됩니다. 소위 살 가치가 없다고 생각되는 생명들을 독가스라는 잔인한 방식으로 말살하는 사례에 대해서는 말할 필요도 없습니다. 반면 약물을 이용하지 않는 방식 또한 있습니다. 외과적 수단으로 통증을 완화하는 것이지요.

특히 뇌엽 절제술이나 전두엽백질 절제술이라 불리는 뇌수술이 그렇습니다. 시상과 전두엽 사이의 신경덩어리를 잘라줌으로써 통증의 원인은 남아 있더라도 환자가 더 이상 고통을 느끼지 않도록 하는 것이지요. 통증은 남아 있되 고통의 체험은 제거되는 겁니다. 특정한 정신질환에 시달리는 여러 환자들의 경우에는 바로 그 효과를 노리고 일부러 그 시술을 받기도 하지만, 일반적으로 뇌엽 절제술이나 전두엽백질 절제술를 시술받은 환자들은 수술 후 늘 의욕과 흥미가 감소된 태도를 보이고는 합니다.

다른 방식으로는 완화할 수 없는 통증을 감소하려는 목적으로 수술을 행할 경우에는 환자의 성격상 변화는 수술의 목표가 아닌 수술로 인해 감수해야만 하는 부작용이 됩니다. 언제 의사는 이 성격 변화를, 환자의 기분이 무뎌지고 마는 것을 감수해야 할까요? 어떤 경우라도 상관없이 무조건 감행하는 것이 환자에게 100퍼센트 좋은 결과만을 가져올 수 있을까요? 병이나 통증으로 인한 핸디캡이 무뎌진 성품으로 인한 핸디캡보다 더 클 때만 감행해야 합니다. 즉 의사는 이 시술을 행하기 전에 어느 쪽의 곤란이 더 작은지 숙고하여 결정해야 합니다.

어떤 상황이든 통증을 완화하는 데 부작용이 따른다는 것은 명백합니다. 예를 들어 수술이 불가능한 암, 즉 통증의 원인을 제거할 수 없는 경우는 어떨까요? 약물의 도움으로 통증을 완화하기 위해 모르핀을 처방할 때도 부작용은 감수해야 합니다. 더 작은 곤란을 고르는 거지요. 경우에 따라서는 모르핀의 부작용이 뇌엽 절제술 때보다 더 심할 수도 있습니다. 모르핀을 과다 복용하면 환자는 항상 무감각한 상태에 빠져드는데, 뇌엽 절제술의 부작용은 그 정도로 크지는 않습니다.

통증의 원인을 제거함으로써 사람들의 고통을 없앨 수 있고, 그것이 불가능할 때는 통증을 완화시킴으로써 고통을 줄일 수 있음을 이제껏 설명했습니다. 다만 어떤 수단으로도 고통을 없앨 수 없을 때는, 환자 자신이 무얼 행하고 감수하더라도 고통을 피할 수 없을 때는 어찌해야 할까요? 다른 말로 고통이 진짜 운명이 되었고, 고통을 없앰으로써 운명을 바꾸는 게 불가능할 때는 어떻게 해야 합니까? 운명을 바꿀 수가 없을 때는 운명을 견며야 하지요.

수술로도 나을 수 없는 병의 예를 들자면, 이제 환자에게 요구되는 용기는 불안에 떨지 않고 수술을 견디는 것이 아닙니다. 대신 바꿀 수 없는 고통을 그대로 받아들여 견디는 용기를 내야 하지요.

행동으로 운명에 맞설 수 없다면 올바른 태도로 운명을 맞아야 합니다. 그것은 세상에는 제거할 수 있는 불필요한 고통만 존재하는 게 아니라는 뜻입니다. 세상에는 제거할 수도 없고 피할 수도 없는 운명적인 고통이 있습니다. 이런 고통에도 의미는 있습니다. 우리가 어떻게 운명을 받아들이고 어떤 자세로 고통을 견뎌내는지에 그 의미는 담겨 있습니다. 운명을 견디는 자세를 통해 의미는 채워지고 삶은 여전히 시간과 노력을 들일 가치를 갖습니다.

아무 가망 없는 불치의 환자에게도 마지막 기회는 남아 있는 것입니다. 그것은 여느 평범한 기회가 아닙니다. 실제로는 오히려 인간이 의미를 채울 수 있는 가장 지고한 기회입니다. 괴테가 언젠가 현명하게 말한 바 있듯, 인간은 행동이나 인내를 통해 어떤 상황이라도 고귀하게 바꾸어놓을 수 있기 때문입니다. 진짜 운명을 똑바른 자세로 견뎌내는 것은 인간이 완수할 수 있는 위업 중에서 가장 고귀합니다. 설사 이 위업이라는 것이 포기를 행하는 것에 다름 아닐지라도 그 포기란 운명이 요구하는 포기입니다.

무척이나 교훈적이어서 제가 언제나 인용하게 되는 구체적인 예를 다시 한 번 끄집어내겠습니다. 제 신경과 병동에서 일하던 간호사가 어느 날 위의 종양 때문에 수술을 받게 되었습니다. 그러나 수술로도 그 종양은 제거할 수가 없었지요. 절망에 빠진 간호사는 제게 와달라고 부탁했습니다. 그녀와 대화를 나누던 중 알게 된 것은 그녀의 절망이 병보다는 일을 할 수 없다는 사실에서 기인한다는 것이었습니다.

세상 무엇보다도 그녀는 자신의 직업을 사랑했습니다. 그런데 그 일을 더 이상 할 수 없게 되자 절망에 이른 것이었습니다. 그녀의 상황은 정말로 가망이 없었지요. 일주일 후 그녀는 세상을 떠났습니다. 그럼에도 불구하고 저는 그녀에게 다음과 같이 설명했습니다.

"당신이 하루 여덟 시간, 혹은 몇 시간을 더 일하든 그것은 예술이 아닙니다. 곧 누구나 비슷하게 따라할 수 있어요. 하지만 당신처럼 직업을 사랑하던 사람이 더 이상 일을 할 수 없어 일을 포기해야 하면서도 절망하지 않는 것, 그것은 누구나 쉽게 따라할 수 없는 위업입니다. 그리고 당신이 이렇게 병들고 약해져 일을 할 수 없는 사람들의 삶이 가치 없는 양 군다면 여지껏 당신이 간호사로서 헌신했던 수천 명의 사람들에게 간호사로서의 자질을 저버리는 것이 아니겠습니까? 이렇게 상황에 절망하면서 인간 삶의 의미가 오로지 몇 시간을 일할 수 있느냐에 달린 듯 구는 것은 모든 아프고 병든 자들의 살 권리를 부정하는 일입니다. 당신에게는 실로 유일무이한 기회가 주어졌습니다. 여태까지는 당신에게 맡겨졌던 환자들에게 직업적 도움만을 줄 수 있었다면, 당신은 이제 그들에게 인간적 모범이 되어 보일 수도 있습니다."

물론 제가 그녀에게 한 말이 정말 의사다운 말이었는지에 대해서는 논란이 있을 수 있습니다. 전 의사로서는 더 이상 도울 수 없는 상황에서 그저 인간으로서, 인간 대 인간으로 이야기를 나누고 위로하려 했습니다. 의사답지 못한 행동이라고 하시는 분도 계시겠지요.

빈의 커다란 종합병원 정문 위 현판에는 황제 요제프 2세가 이 병원에 부여한 사명이 적혀 있습니다.

환자에게 치유뿐 아니라 위로 또한.

심리치료사만 환자 마음의 경로에 대해 생각해보고 상담해줄 것이 아니라, 의사 또한 환자가 고통스러운 상황에서 빠져나올 수 있게 관심을 가지고 성심과 성의를 다해 도와주어야 하는 것이죠. 혼자서는 제거할 수 없고 피할 수 없기에 운명적이 된 필수불가결한 아픔을 받아들이고 잘 극복할 수 있게요.

순전히 기술에 의한 과학적인 방식만으로는 의사가 이 사명을 제대로 이행할 수 없습니다. 도구를 이용해 다리 한쪽을 절단해서 병의 진행을 막을 수 있지만, 절단 수술 이후, 혹은 수술을 받기 전에 한쪽 다리로만 살아가야 하는 삶을 받아들이지 못하고 절망하여 스스로 목숨을 끊는 것을 막을 수 없습니다. 만약 어느 외과의사가 환자의 정신을 돌볼 사명을 망각하고 환자에게 위로 한마디 건네는 것에 무관심하다면, 다음날 오전 8시에 환자를 수술실이 아닌 전날 밤 자살한 시체로 부검실에서 보게 될지도 모릅니다.

절망한 환자에게 의사는 직접 절단 수술에 대한 사실을 일깨워주어야 합니다. 좌절에 빠진 사람들은 현실을 객관적으로 상황을 파악하기도 어렵고 분노와 절망에 의한 격한 부정적인 감정에 휩싸여 자신이 처한 상황을 스스로 인식하고 판단하기 힘들거든요. 두 발로 다닐 수 있느냐 없느냐에 모든 의미가 걸려 있는 게 대체 무슨 삶입니까. 어느 위대한 신경의가 언젠가 이런 말을 한 적이 있습니다.

"환자에 대한 인간적 배려 없이도 의사 노릇은 할 수 있다. 다만 그랬다가는 고객이 누구냐는 사실을 제외하고는 의사와 수의사 간에 아무런 차이가 없어질 것이다."

인간은 유전과 환경의 생산물인가

오늘날 시대의 비참함, 개인과 대중의 정신적 빈곤을 어떻게든 바로잡아야겠다고 사람들이 애써 동원하는 방식을 보면 웃어야 할지 울어야 할지 알 수가 없습니다. 어떤 시각으로 사람들은 여기에 대처하려 하던가요? 여러 가지 사회적 문제에 대처하기 위한 시도의 근간이 되는 것은 인간은 결국 유전과 환경이라는 두 가지 힘의 생산물에 불과하다는 사고입니다. 예전에는 유전과 환경 대신 혈통과 터전이라는 비유적 표현을 쓰기도 했습니다.

하지만 이 두 가지 요소를 기반으로 인간들이 처한 문제를 해결하려는 시도는 필연적으로 실패할 수밖에 없습니다. 인간의 본질은 이런 접근 방법으로는 잡아낼 수 없거든요. 이런 식으로는 인간이라는 존재를 파악할 수도 없고, 변화시키는 건 더욱 불가능합니다. 인간을 그저 유전과 환경이라는 두 변에 의거한 힘의 평행사변형의 결과물로 여긴다면, 인간의 진짜 본질은 사라진 껍데기일 뿐입니다.

물론 인간은 타고난 본성과 주위의 영향을 받는 존재입니다. 이 두 가지가 부여한 틀 안에서는 인간은 자유롭게 행동할 여지가 있습니다. 인간을 연구하고 다룰 때 이 자유를 고려하지 않는다면, 그리고 자신들이 자유롭다는 사실을 인간들로 하여금 잊게 만든다면 그에 따른 부작용이 닥치고 맙니다. 한번 타고난 유전적인 조건은 변경시킬 수 없고, 환경은 부분적으로는 바꾸는 게 가능하지만 마음먹는다고 당장 되는 게 아닙니다.

따라서 인간을 오로지 유전과 환경에 좌우되는 장난감으로 본다면, 우리는 필히 숙명론에 빠질 수밖에 없습니다. 하지만 그 숙명론에는 가장 중요한 것이 제외되어 있습니다. 그것은 인간이 정신적이고 자유로운 존재이며 그 때문에 책임 또한 지는 존재라는 점입니다. 부자유한 존재가 된 인간은 더 이상 자신의 자유에 책임을 지지 않습니다.

우리는 인간의 자유에 호소하여 얼핏 무시무시해 보이는 유전과 환경의 지배를 떨치도록 해야 합니다. 제가 언젠가 말한 바 있는 정신의 저항력에 호소해서요. 인간은 환경에 대처할 수 있는 저항력을 갖고 있습니다. 엄밀한 학문적 연구들이야말로 인간이 자유와 저항력을 가진 존재임을 확증하고 밝혀냈습니다. 저명한 유전학자 프리드리히 슈툼플은 어마어마한 비용을 들여 소위 심층심리학과 정신의학, 유전과 환경 연구를 한 결과가 정말로 뒤통수를 치는 것이었다고 말한 적이 있습니다. 본래 의도는 연구를 통해 인간이 본능과 유전, 환경과 체질에 묶인, 즉 타고난 특징과 주위 여건에 좌우되는 존재임을 증명하려는 것이었습니다. 오랜 수고 끝에 얻어낸 결론은 무엇이었을까요? 스스로의 질문에 자답한 슈툼플의 대답은 놀라웠습니다. 결론은 인간이 자유로운 존재라는 것이었습니다.

저명한 유전학 연구자 랑에 교수가 펴냈던 쌍둥이의 사례를 들어봅시다. 일란성 쌍둥이는 동일한 유전적 조건을 지니고 있습니다. 그렇지만 똑같은 유전를 가진 쌍둥이 형제 중 한 쪽은 희대의 범죄자가 되었습니다. 같은 조건을 타고난 다른 형제는 무엇이 되었을까요? 그 역시 유달리 비상한, 하지만 범죄자가 아닌 범죄학자가 되었습니다. 범죄자냐 범죄학자냐는 차이는 참으로 결정적입니다. 아울러 두 사람이 스스로 내린 결정이기도 하지요. 같은 출발점에도 불구하고 두 사람은 전혀 다른 결정을 내렸던 것입니다. 유전과 환경 외의 제3의 요소는 바로 인간 자신의 결정이고, 이것을 통해 인간은 주어진 조건을 딛고 일어설 수 있습니다.

제가 직접 본 사례에 대해서도 말해보겠습니다. 심각한 신경증에 걸린 환자 한 명이 쌍둥이 자매에 대해 이야기해준 적이 있습니다. 설사 일란성 쌍둥이에 대한 구체적인 지식이 없는 사람이라 해도 그녀들이 같은 형질을 타고났음은 알아차렸을 겁니다. 환자가 말해준 바로는 두 자매는 아주 사소한 것까지도 성정과 취향이 같았습니다. 좋아하는 작곡가나 좋아하는 남자 타입 등에 대해서도요. 두 자매 사이에는 딱 하나밖에 차이가 없었습니다. 한 명은 신경증에 걸렸고, 다른 한 명은 건강히 살고 있었습니다. 그것이 차이의 전부였습니다.

이 차이는 우리가 숙명론의 모든 잔재를, 운명에 대한 맹신과 패배주의적 태도를 극복할 근거가 됩니다. 제 아무리 유전과 환경이 운명적이더라도 인간들의 자유에 호소하기 위해 최선을 다하는 교육자나 의사에게 이 얼마나 격려가 되는 일입니까. 어쩌면 유전된 형질은 그 자체로서는 내재된 고유한 특성을 지배하기도 하지만 본인의 의지로 고유한 특성과는 전혀 다른 모습의 삶을 만들어 가기도 합니다. 스스로 그 형질에서 가치 있는, 혹은 가치에 어긋나는 특성을 키워내는 거지요. 괴테가 《빌헬름 마이스터의 편력 시대》에서 했던 다음 표현은 생물학과 심리학, 유전학의 차원에서도 의미가 깊습니다.

"우리가 타고난 결점들 중 미덕이 될 수 없는 결점은 없고 천성의 미덕들 중 결점으로 바뀌지 않을 미덕도 없다."

유전적 형질이 인간에게 미치는 영향에 대해서는 이 정도로 해두겠습니다. 그렇다면 인간을 운명적으로 좌지우지하여 자유를 말살시킨다는 두 번째 요소인 환경은 어떨까요? 정말로 프로이트가 주장한 대로 온갖 부류의 사람들을 한곳에 몰아넣고 굶긴다면 점차 인간들은 식욕에만 좌우되는 존재가 되어 모든 개인적 차이가 사라질까요?

우리 세대는 정말로 이 실험을 겪었습니다. 적게 잡아도 수백만 명이 포로수용소나 강제수용소에서요. 그리고 이 실험의 결말은 무엇이었을까요? 이 의도되지 않은 환경에 대한 대 실험은 슈툼플 교수가 유전 연구의 최종 결과로 내놓은 것과 같은 결론을 보여주었습니다. 우리가 직접 두 눈으로 보고 겪은 것은 인간의 결정이 가진 힘이었습니다. 전쟁 포로든 강제수용소의 수감자든 모든 것을 빼앗기더라도 단 하나만은 빼앗기지 않습니다. 바로 주어진 환경에서 스스로 어떤 자세를 취할 것이냐를 선택할 자유지요. 사람마다 결정은 다양했습니다.

오늘날 쉽게 떠들어대는 것처럼 모든 사람들이 그곳에서 굶주림 때문에 짐승이 되어버리지는 않았습니다. 수용소의 막사에서든 훈련장에서든 자신도 기운이 없어 휘청거리면서도 동료들에게 힘이 되는 말을 해주거나 마지막 남은 빵 조각을 건네주는 이들은 언제나 있었습니다. 살아남은 전쟁 포로들이라면 누구나 그와 같은 사람들을 알고 있을 겁니다. 따라서 포로나 수용소라는 환경 조건이 인간들의 행동 방식에 일률적이고 필연적인 영향을 미친다는 것은 말이 되지 않습니다. 이런 상황에서 사람의 행동은 마음을 의지할 데가 있느냐의 여부에 좌우되곤 합니다. 얼마 전 미국의 정신의학자가 발표한 보고서도 무엇이 일본군의 포로로 잡혀 있던 미국 병사들을 심리적으로 지탱해주고 살아남게 해주었는지를 연구하고 있습니다.

포로들을 살아남게 해준 요소 중에는 그 사람이 긍정적인 삶의 자세와 세계관을 가졌느냐 하는 것도 포함되어 있었습니다. 언젠가 니체가 현명하게 말한 바 있는 "살아갈 이유가 있는 자는 어떤 삶이든 견디어낸다."에 부합하는 경험입니다. 굶주림의 체험 또한 이 '어떤 삶'에 해당하지요.

미네소타 대학에서 반년 동안 유럽의 전쟁 막판 사람들이 섭취했던 만큼의 음식만 먹고사는 실험에 자원한 서른여섯 명의 학생들이 있었습니다. 실험이 진행되면서 학생들은 지속적으로 정신적, 육체적 진단을 받았습니다.

곧 학생들은 굶주리는 사람들이 흔히 그랬듯 몹시 예민해졌고, 반년 후에는 그중 여러 명이 거의 절망에 가까운 상태였습니다. 하지만 실험을 그만둘 기회는 언제나 주어졌음에도 불구하고 단 한 명도 중단하지 않았습니다.

여기서도 우리는 앞서와 같은 것을 확인할 수 있습니다. 그리해야 하는 상황이라면 인간들은 모든 주어진 조건을 극복하고 강해질 수 있습니다.

인간들에게는 저항할 힘이 있으며 적어도 운명의 틀 안에서는 자유롭게 행동할 여지가 있습니다. 현대과학과 의학의 연구 또한 인간이 자유로움을 입증합니다. 설사 병원에서의 실증적 경험이나 유전학 연구, 뇌 연구, 생물학, 심리학과 사회학 등에서 인간 정신이 얼마나 영향받기 쉽고 약한 존재인지 밝혀냈다는 식의 말들이 세상에 떠돌고 있더라도 실상은 그 반대입니다.

논리적으로 끝까지 유추해보면, 의학적 연구 결과들은 정신의 저항력을 입증합니다. 109년 전 빈 학파의 위대한 학자 포이히터스레벤 남작이 했던 말은 오늘날까지도 유효합니다. 그는 의학에 대해 흔히 떠도는 비판, 의학이 유물론을 부추기고 정신성을 부정하려 든다는 비판이 부당하다고 했습니다. 왜냐하면 의사야말로 정신의 힘과 물질의 종속성을 누구보다도 잘 꿰뚫어 볼 수 있는 위치에 있으니까요. 만약 그 사실을 깨닫지 못한 의사가 있다면, 의학이라는 학문의 잘못이 아니라 아직 공부가 부족한 그 의사의 탓입니다.

영혼을 재고 무게를 달 수 있을까

일반인들이 정신의학에 대해 종종 잘못된 상식을 갖는다고 여러 차례 이야기한 바 있습니다. 이를테면 정신적으로 건강한, 즉 정상적인 사람과 정신적으로 병든 비정상인 사이의 경계를 긋는 방식에 있어 일반인들은 이 경계가 무척 유동적이라는 사실을 곧잘 잊어버립니다.

뿐만 아니라 전문가인 정신과 의사는 정신병의 범주를 자신들보다 크게 잡을 거라고 일반인들은 믿곤 합니다. 보통 사람 눈에는 정상으로 보이는 사람도 정신과 의사가 보기에는 이미 병들어 있지 않을까 하는 거지요. 하지만 실상은 반대입니다. 정신과 의사들은 질병의 범주를 일반인들보다 더 좁게 잡는 것이 보통입니다.

일반인이 정신과 의사에 대해 흔히 갖게 되는 또 다른 오해와

선입견은 정신과 의사들이 검진을 할 때 정신적 기능 이상을 진단하고 환자의 정신적 배경과 내면을 탐구하기 위해 동원하는 테스트와 관련이 되어 있습니다. 일반인들은 곧잘 그것이 지능 검사와 같은 거라고 믿습니다. 그건 이미 철 지난 오해입니다. 저는 지능 검사 방식이 사실은 검사 대상보다는 검사자의 지능을 판별하기에 더 좋다는 식의 주장은 하지 않습니다. 때때로 이런저런 지능 검사가 필요할 때도 분명히 있습니다.

예를 들어 어느 환자의 지능이 남들보다 낮거나 혹은 퇴화되어가는 중이라는 의심이 든다고 합시다. 그 경우 정신과 의사는 환자의 지적 퇴화 수준을 알아낼 만한 단서를 얻기 위해 환자에게 구별하는 문제를 제시할 겁니다. 구별하는 문제란 이런 식입니다. "어린아이와 난쟁이의 차이점은 뭘까요?"라는 질문에 만약 환자의 대답이 "선생님도 참, 애는 애고 난쟁이는 광산에서 일하는 거 아닌가요?"라고 한다면 누구나 환자의 지능이 퇴행 중임을 의심하지 않을 것입니다.

환자의 기억력을 테스트해야 할 때도 있습니다. 보통은 대화 중 환자에게 특정한 날짜를 외우라고 주문합니다. 의학도들에게 강의할 때는 환자에게 제시하는 날짜로 자신의 생일을 대는 습관을 들이라고 권고합니다. 저만 해도 예전에 일하던 와중 그만 환자에게 어떤 날짜를 외우라고 했는지 제가 잊어버리는 일이 있었습니다. 그 덕에 환자가 날짜를 잊은 건지 저만 잊은 건지 분간할 수 없었던 적이 있었거든요.

이런 식, 혹은 다른 테스트로 사람의 본질적 성격을 알아내는 것은 무리입니다. 필링어 교수도 어느 글에서 테스트 방식의 불확실함과 임의적인 해석의 위험성에 대해 언급한 바 있습니다. 그의 말로는 그나마 오류의 위험이 가장 적은 것은 지능 검사와 같은 실력 테스트의 부류라고 합니다. 그렇지만 직업 상담 과정에 꼭 끼는 적성 검사만 해도 잘못된 해석의 위험성이 커지고 인성 검사쯤 되면 믿을 것이 못됩니다.

필링어 교수의 말을 인용하자면 테스트를 통해 인성을 파악하려 드는 것은 사이비 학문에 얼치기 과학입니다. 실험실의 인위적인 정확성이란 실제로는 아무런 정확성도 아니기 때문에 거기에 지나친 신뢰를 가져서는 곤란하다고 필링어는 경고합니다. 독일 마인츠 대학교 정신의학과의 크래머 교수 역시 전문가가 요령 있게 환자와 대화를 하여 탐색할 경우 복잡한 테스트 방식을 거치는 거나 다름없는 효과를 낼 수 있다고 말했습니다.

그리고 정신과 의사가 꼭 오랜 기간 동안 환자를 관찰할 필요도 없습니다. 랑에 교수는 어느 논문에서 정신질환 환자를 병동에서 장기간 관찰하여 내린 최종 진단의 80퍼센트 이상이 의사가 이미 환자와 첫 대화 때 받았던 첫 인상과 일치한다고 통계적으로 증명했습니다. 정신질환자들의 경우에는 80퍼센트였고, 신경증 환자들의 경우에는 어땠을까요? 신경증 환자들의 경우에는 심지어 최종 진단의 결과가 의사가 환자로부터 받았던 첫인상에 100퍼센트 일치했습니다.

환자로부터 받았던 인상이라고 방금 말했습니다. 좀 더 정확히 표현하자면 모든 개개인의 인간과 개개인의 환자가 갖고 있는 고유하고 유일한 인성으로부터 받은 인상이라고 해야겠지요. 인간 각각의 완전히 개인적이고 독자적인 면을 테스트로 파악하려 해봤자 나오는 것은 개개의 유형들뿐입니다. 결코 충분히 개개인에게 맞출 수가 없습니다. 사실은 모든 사람마다, 그리고 그 사람이 처한 모든 경우마다 각기 다른 테스트가 고안되어야 합니다. 그러자면 즉흥적으로 순발력을 발휘할 수밖에 없지요. 예를 한번 들어볼까요.

어느 날 저는 수감 중인 한 청소년에 대한 정신의학적 소견서를 발급하는 임무를 맡았습니다. 소년은 변명하기를 친구 하나가 범죄로 꼬드기면서 그 일을 하면 1천 실링을 주겠다고 약속했다는 겁니다. 법원은 정말로 이 소년이 그리 남의 말을 잘 믿고 영향받기 쉬운지 전문가의 견해를 필요로 했습니다. 소년의 친구는 자신은 그 범죄와 아무 관련이 없다고 주장하고 있었지요. 만약 검사 대상인 소년이 남의 말을 잘 믿는다면 약간 지능이 떨어진다는 사실이 증명될 것입니다.

하지만 소년이 사실은 무척 영악하면서 친구를 핑계로 대려고 지능이 떨어지는 척하는 것일 수도 있지요. 판사가 알고 싶어 했던 것은 정말로 소년이 바보여서 친구가 1천 실링을 줄 거라 믿었는지, 아니면 남들로 하여금 자신이 바보라고 믿게 하려 영악한 짓을 하는 것인지의 여부였습니다. 지능검사로는 그 점의

203

판단이 불가능했습니다. 마지막 순간 저는 즉흥적으로 소년에게 만약 10실링을 준다면 법원장에게 가서 재판을 중지하고 네가 석방되도록 힘써 주겠다고 말했습니다. 즉각 소년은 제 제의를 받아들였고, 저는 나중에 소년에게 사실은 그게 거짓말이었다고 설명하느라 무척 애를 먹었습니다. 즉 남의 말을 잘 믿는 소년이 었던 거지요. 하지만 그 점은 즉흥적으로 그 소년과 상황만을 위해 고안된 테스트로 증명될 수 있었습니다.

오늘날 사람들이 영혼을 재고 무게를 달 수 있어야만 영혼의 존재를 인정하는 것은 시대 분위기상 그럴만합니다. 프리드리히 폰 실러는 이렇게 말했습니다.

"영혼이 말을 하는 순간 말을 하는 그것은 더 이상 영혼이 아 니게 된다."

그 말을 이렇게 바꿀 수 있습니다. 단순한 테스트의 결과로 파악되는 것은 더 이상 인간의 본질이 아닙니다. 심리학이 테스 트 방식에 집중하여 열을 올렸다가는 인간을 본래 차원으로부터 무게 다는 차원으로 떨어트리게 됩니다. 그 과정에서 정작 인간 의 본질, 인성의 핵은 놓치게 되지요. 즉 본질을 찾기 위해서는 과학이 아닌 다른 접근 수단이 필요합니다.

스위스의 위대한 의사이자 화학자인 파라셀수스는 신을 알아 보지 못하는 자는 신을 충분히 사랑하지 않기 때문이라는 말을 하였는데, 이것을 인간의 경우에도 적용시킬 수 있을 것입니다. 인간의 본질을 파악하기 위해서는 타인을 대체 불가능하고 유일무이한 당신으로 보고 사랑하며 헌신하는 열린 감수성이 필요합니다. 사랑이란 타인을 당신이라 부르고 그 사람을 유일무이하고 고유한 존재로 알아보는 것입니다. 뿐만 아니라 그 사람의 가치를 긍정하는 것입니다.

즉 상대에게 당신이라고 말할 뿐 아니라 '네'라고 말할 수 있는 것이 사랑입니다. 다시 한 번 말하건대, 사랑이 사람을 눈멀게 한다는 주장은 옳지 않습니다. 도리어 사랑은 사람들의 눈을 비로소 뜨이게 하고, 심지어 미래를 보게 합니다. 사랑하는 이가 다른 이에게서 알아보는 가치는 현실이 아니라 가능성일 뿐이니까요. 아직은 그렇지 않으나 앞으로 그렇게 될 수 있고 그리 되어야 하는 것입니다. 사랑에는 인지 기능이 포함됩니다. 사랑하는 사람들뿐만 아니라 심리치료 역시 가치를 알아볼 줄 알아야 합니다. 심리치료는 결코 가치에서 자유롭지 않고 오히려 가치에 종속되어 있습니다.

결국 정신분석과 지능 검사, 테스트에서 출발한 우리의 결론, 즉 이성적이고 합리적인 것에만 근거하여 타인을 이해하려는 시도로는 개개인의 정신 기능과 눈에 띄는 기능 안에 숨어 있는 본질을 볼 수 없습니다. 만약 우리가 사람과 사람 사이에 다리를 놓는다면, 그것은 인식과 이해의 다리이기도 합니다. 그리고 그 다리의 거점은 두뇌가 아닌 심장입니다.

앞에서 감정적인 첫 인상이 지속적인 정신의학적 관찰 결과와 부합한다는 사실이 통계적으로 증명되었다는 말을 했습니다.

그러므로 정신의학적 진단 방식에 있어서도 이성의 명민함보다 감정의 섬세함이 더 앞설 수 있음을 저는 확신합니다.

책을 치유 수단으로

책을 치유 수단으로 쓴다는 말은 진지한 의학적 견지에서 나온 것입니다. 소위 독서 요법이란 것은 지난 수십 년간 신경증 환자들을 치료하는 데 있어 정당한 자리를 차지해 왔습니다. 환자는 특정한 책들을 읽으라는 권고를 받습니다. 물론 그중에는 정신의학에 직접적으로 관련되지 않은 책들도 있습니다. 그러나 이 책들은 각각의 상황에 맞추어 효과를 고려하여 선정되지요.

심리치료가 근본적으로는 의사와 환자의 협력으로 이루어진다는 견지에서 책이 의사를 대신할 수 없고 독서 요법이 심리치료 자체를 대체할 수 없음은 자명합니다. 하지만 책의 역할을 과소평가해서도 안 됩니다. 저는 수십 년간 심각한 신경증에 시달려왔고 전문의의 치료에도 효과를 보지 못했던 사람이 어느 책

한 권을 읽고서 특정한 심리치료 방식과 기술을 스스로 적용하여 마침내 병이 나은 사례들을 가지고 있습니다.

책으로 하는 심리치유의 효과는 병리학적인 면에 국한되지 않습니다. 누구나 겪기 마련인 존재적 위기에서 책은 기적과도 같은 도움을 줄 수 있습니다. 적절한 순간 적절한 책을 읽고 자살 충동을 떨친 사람들의 예는 여럿 있습니다.

이와 같은 맥락에서 책은 삶에 진정한 도움을 줄 수 있으며 아울러 죽어가는 사람을 위한 지지대도 될 수 있습니다. 제가 말하는 건 요새 유행 중인, 즉《죽음과 죽어가는 법》등의 천편일률적인 제목을 달고 쏟아져 나오는 책들을 말하는 것이 아닙니다. 그런 책들에서는 마치 죽음이 무수한 단계들로 이루어졌고, 그 단계를 하나하나 조작할 수 있는 양 말들을 하지요. 제가 말하는 죽음이란 인간이 처하는 한계 상황이자 인간 존재의 삼중 비극, 즉 죽음과 고통과 죄를 이루는 한 요소입니다.

저는 임종에 다다랐거나 감옥에 갇힌 사람들이 쓴 편지들을 알고 있는데, 그 편지들에는 외적인 고립 상황에서 내적인 마음을 여는데 책 한 권, 심지어 문장 한 줄이 얼마나 큰 도움이 되었는지 절절하게 기술되어 있습니다. 이런 치유 효과는 사람들이 모여 함께 책을 읽고 토론할 때 더 커집니다.

제가 가진 토론 기록 중에는 플로리다의 주립 감옥 수인들이 즉흥적으로 모임을 만들어 함께 책을 읽고 치유 효과를 얻은 과정이 적혀 있습니다.

"우리 모임은 아홉 명의 수인들로 구성되어 있고, 일주일에 두 번 만납니다. 그리고 모임에서는 기적이 벌어졌어요. 의지할 데도 없고 희망도 없던 사람들이 삶의 의미를 찾게 된 겁니다. 플로리다에서 가장 엄중하게 경비되는 이 감옥, 고작 몇백 미터 떨어진 곳에 전기의자가 자리한 이곳에서, 생각해 보세요, 우리의 꿈이 이루어졌습니다."

물론 실용 학술서들이 언제나 성공하는 것은 아닙니다. 모든 말들이 부질없고 그래서 어떻게 해도 헛된 상황마저 있습니다. 이럴 때 힘이 되어주는 것은 문학의 언어입니다. 적어도 한 번, 저는 그런 일을 겪은 적이 있습니다.

샌프란시스코에서 얼마 떨어지지 않은 산 쿠엔틴에 악명 높은 교도소가 있습니다. 이곳의 소장이 제게 중범죄 수인들 앞에서 강연을 해달라고 요청했습니다. 본 강연이 끝난 후 청중들 중 한 명이 일어서서 말하기를 현재 사형수 감방에 수용된 사람들은 강연에 오지 못했는데, 그들 중 며칠 후 가스실에서 처형될 미첼 씨에게 마이크로라도 몇 마디 전해줄 수 없겠냐는 것이었습니다.

막막해졌지만 저는 그 요청을 거절할 수는 없는 일이었지요. 그래서 즉흥적으로 말했습니다.

"미첼 씨, 제 말을 믿어주십시오, 전 당신의 상황을 이해할 수 있을 것 같습니다. 저 역시 한동안 가스실의 그림자 아래 살았던 적이 있으니까요. 하지만 믿어주십시오, 미첼 씨. 그 당시에도 저는 삶이 어떤 상황과 조건에서도 의미 있다는 확신을 단 한 순간도 버리지 않았습니다. 만약 삶에 의미가 있다면 설령 그 삶이 아무리 짧을지라도 그러할 것입니다. 삶에 의미가 없다면 아무리 오래 산 삶이라 해도 그러할 것입니다. 설사 낭비한 것처럼 보이는 삶일지라도 우리는 잘못을 반추하고 성장함으로써 그것을 귀중한 경험으로 만들 수 있습니다."

그리고 제가 그 후 미첼 씨에게 무슨 이야기를 들려주었는지 아시겠습니까? 톨스토이가 우리에게 남겨준 《이반 일리치의 죽음》이라는 이야기였습니다. 자신이 더 이상 오래 살지 못하리라는 사실과 갑작스레 마주한 후, 자신이 얼마나 엉망진창으로 살아왔는지 의식하고 만 남자의 이야기입니다. 바로 이 깨달음을 통해 그는 자기 자신을 넘어 성장하고 일견 의미 없어 보였던 그동안의 삶에도 가치를 부여할 수 있었습니다.

미첼씨는 산 쿠엔틴의 가스실에서 처형된 마지막 사형수였습니다. 죽기 얼마 전 그는 〈샌프란시스코 크로니클〉과 인터뷰를 했고, 그 인터뷰를 통해 저는 그가 《이반 일리치의 죽음》을 완전히 체화했음을 알 수 있었습니다.

젊은이들의 독서욕은 잘 알려져 있습니다. 그들은 자신들에게 힘을 불어넣어 줄 수 있는 근원을 본능적으로 알아보는 겁니다. 그렇지 않고서야 수십 년 전 테레지엔슈타트 수용소에서 일어났던 일을 설명할 수가 없지요.

당장 다음날 아침 1천 명의 젊은이들이 아우슈비츠로 이송될

예정이었습니다. 그리고 그날 밤 수용소의 도서관이 털렸음이 이튿날 아침 드러났습니다. 죽으러 갈 젊은이들이 각기 제일 좋아하는 작가의 작품이나 학술서들을 꾸러미 안에 챙겨 넣었습니다. 다행히도 아직 알려지지 않은 곳까지 여행 중의 정신적 비상 식량으로요. 그런데도 일단 의식이 풍족해야 정신적인 것을 챙긴다라고 말하실 분이 계십니까?

우리는 눈이 멀지 않았습니다. 책이 언제나 은혜로운 작용만 하지는 않음을 우리는 압니다. 특히 학술적 연구 결과의 대중화에 있어 회의적이 되었지요. 아인슈타인은 언젠가 말하기를 "학자는 누구나 알아듣기 쉽게 피상적으로 쓰거나 아니면 누구도 이해하지 못하도록 심도 있게 쓸 뿐 선택의 중간은 없다."고 했습니다. 그나마 어려워서 이해 못하는 것이 오해를 하는 것보다는 해가 적습니다. 오해가 늘 대단히 해로운 건 아니지만요. 그 예로 뉴욕의 정신의학자 빙거가 심인성 약에 대한 공개 강연을 했더니 어느 가게에서 심인성 약을 한 병 살 수 있냐는 질문이 나오더랍니다.

제가 보기에 정말로 위험한 오해는 다른 곳에서 나옵니다. 학문의 대중화라기보다는 학문의 천박화라고 할 만한 경우에는 사람들에게 반쪽짜리 진실, 반의 반쪽짜리 진실, 반의 반의 반쪽짜리 진실을 온전한 진실인 양 전함으로써 사람들이 잘못된 자기 인식을 갖게 만들어 버립니다. 어째서 이런 일이 벌어질까요?

학자들은 지나치게 전문적으로 글을 쓴다는 불평을 흔히 들습니다. 제가 보기에는 문제의 진실은 그 반대라고 생각됩니다. 불행은 학자들이 전문적으로 쓴다는 게 아니라 전문가들이 일반적으로 쓴다는 데 있습니다. 소위 '끔찍한 단순화론자' 라는 부류가 있지요. 그들은 '무엇이든 간단히' 해 버립니다.

한편 제가 '끔찍한 일반화론자' 라고 부르는 이들이 있습니다. '끔찍한 단순화론자' 는 모든 걸 구분 없이 한 데 집어넣습니다. '끔찍한 일반화론자' 들은 한 술 더 뜹니다. 그들은 뭐든 일반화해 버립니다. 일반화하지 않고도 어찌 대중화하여 베스트셀러를 만들까요?

이런 베스트셀러들의 제목만 접해도 독자들은 벌써 집단 세뇌되어 스스로를 더 이상 인간으로 보지 않게 됩니다. 베스트셀러의 제목을 들어보자면 인간은 《벌거벗은 원숭이》고, 《자유도 존엄성도 벗겨진》기계 메커니즘입니다. 여기에 오늘날의 니힐리즘[1]도 추가됩니다. 예전의 니힐리즘은 무에 대해 이야기했죠. 오늘날 니힐리즘에서 잘 쓰는 표현은 '~에 불과하다' 입니다. 인간은 유전과 환경, 사회경제적 여건과 심리 역동적 조건과 기타 등 별의별 것에 좌우되는 생산물에 '불과하다' 라는 것이죠. 인간은 환경 조건의 희생양으로 묘사됩니다. 사실은 인간이야말

---

1) 엄밀한 의미에서의 니힐리즘은 아무것도 존재하지 않는다, 즉 무라는 주장이다. 또한 아우구스티누스는 아무것도 믿지 않는 사람을 니힐리스트라고 하였다. 그러나 현대에서 니힐리즘이란 절대적인 진리나 도덕, 가치 같은 것이 존재하지 않는다고 보는 입장, 그러한 입장에 따른 생활 태도 등을 총칭하는 것이라고 보아야 한다. 이러한 의미에서 회의주의나 상대주의도 일종의 니힐리즘이라고 할 수 있다. 또 사회의 진보란 모든 사회적 제도를 해소하는 데 있다고 주장하는 무정부주의도 니힐리즘의 한 형태라고 할 수 있다.

로 그런 환경 조건의 창조자, 혹시 상황이 여의치 못할 시라도 적어도 환경 조건의 변화자인데 말입니다.

천박해진 심층심리학은 신경증에 걸린 독자들이 좋아할 만한 변명거리들을 잔뜩 마련해줍니다. 어디까지나 콤플렉스가 죄인 겁니다. 독자 자신은 아무것도 책임질 필요 없고요. 왜냐면 인간에게는 자유 의지라는 게 없다니까요. 하지만 제가 정신분열증에 걸린 환자에게 혹시 자신이 자유 의지를 갖지 못한 것처럼 느껴지지 않느냐고 물었을 때 환자는 현명하게도 이렇게 대답했습니다.

"아세요, 선생님? 제가 원할 때는 전 자유 의지가 있어요. 저 자신이 원하지 않을 때는 없고요."

특히 콤플렉스와 관련해서는 병에 걸리지 않은 어떤 사람이 제게 이런 편지를 쓴 적이 있습니다.

"제 어린 시절은 끔찍했어요. 소위 파탄 난 가정에서 자라서 엄청나게 고생을 했지요. 하지만 그럼에도 전 제가 어린 시절 겪었던 모든 끔찍한 일들을 없었던 걸로 하고 싶진 않아요. 그 덕택에 제 안에서는 긍정적인 것들도 많이 생겨났으니까요. 콤플렉스는 없냐구요? 절 괴롭힌 유일한 콤플렉스는 난 원래 콤플렉스가 생겨야 하는데 왜 없을까라는 생각뿐이었어요."

'~에 불과하다'는 표현, 혹은 이 태도에 어떤 다른 이름을 붙이든 간에 이 환원주의는 현대의 니힐리즘의 한 면모일 뿐입니다. 또 다른 면모로는 냉소주의가 있지요. 건전한 세계를 웃음거리로 만들고 인간의 가치를 끌어내리는 것이 요새는 쿨한 것입니다. 물론 세상을 미화시키고 아무 근심 없는 곳인 양 묘사하는 것은 문학의 사명이 아닙니다. 하지만 현실을 바꾸고 개선할 가능성을 밝혀내는 것은 문학의 사명 중 하나입니다. 세상이 비참한 꼴이라고 누구에게 말하고 있는 겁니까? 세상은 병들었지만 치유될 수 있습니다. 치유약이 되어 시대정신의 병에 맞서 싸우기를 거부하는 문학은 병의 치유가 아닌 징후입니다. 집단신경증의 징후일 뿐더러 그 병을 더욱 부추기지요. 작가가 독자들에게 절망에 대한 면역은 심어주지 못할지언정 절망을 부추기지는 말아야 합니다.

오늘날의 집단신경증의 특징은 전 세계적으로 퍼져 있는 모든 것이 무의미하다는 기분입니다. 오늘날의 사람들은 프로이트의 시대 사람들과 달리 성적으로 좌절한 것이 아니라 존재론적으로 좌절해 있습니다. 그리고 알프레트 아들러 시대의 사람들과 달리 열등감에 시달리는 것이 아니라 존재적 진공에서 흘러나오는 무의미함에 괴로워합니다. 동유럽이나 제3세계에서도 이미 관찰되는 현상입니다. 체코의 신경학 교수 비메탈은 증명했습니다.

"삶의 의미 상실이라는 질병이 입국 허가도 없이 자본주의와 공산주의의 경계까지 넘나들며 젊은이들 사이에 퍼지고 있다."

여러분들이 어디서 이 무의미하다는 기분이 연유하는지 물으신다면 이렇게 대답하겠습니다. 짐승들과 달리 인간은 따라야만 하는 본능이 없습니다. 그리고 옛 시대의 사람들과 달리 오늘날의 인간들에게는 추구해야 하는 전통도 없습니다. 그리고 이제 인간들은 스스로 무엇을 하고 싶어 하는지조차 더 이상 알지 못합니다. 그리하여 인간은 다른 사람들이 하는 걸 고스란히 따라 하는 체제 순응주의가 되거나 아니면 다른 사람들이 그에게 요구하는 것을 그대로 하게 됩니다. 이 경우는 전체주의지요.

여러 테스트들을 통해 의미 상실감은 특히 젊은 세대들 사이에 널리 퍼져 있음이 통계적으로 입증되었습니다. 기술자 하빙어의 통계 설문에 따르면 빈의 견습생 500명 중 의미 상실감에 시달리는 비율이 지난 몇 해 동안 30퍼센트에서 80퍼센트까지 상승했다고 합니다.

미국의 예를 들겠습니다. 미국 국제대학의 제 조교가 연구한 것에 따르면, 전 세계적으로 증가하고 있는 폭력과 범죄, 약물 중독과 자살은 바로 이 의미 상실감에 기인합니다. 미국의 대학생들의 사망 원인은 교통사고가 1위이고, 그 다음이 자살입니다. 그리고 자살 시도 사례는 실제 죽음에까지 이르는 경우보다 열다섯 배 많았습니다. 아예 알려지지 않은 사례는 다행히도 빠졌습니다. 왜냐면 저희 의사들은 치유뿐 아니라 예방도 생각해야 하는데, 자살 예방에 있어 사례의 일반 공개는 해가 됩니다.

언젠가 디트로이트에서 자살 사례가 급격히 감소했다가 6주 만에 다시 급격히 증가한 적이 있습니다. 이 6주 동안에는 신문 사들이 완전 파업을 해서 자살 사례들이 대중들에게 알려지지를

못했거든요.[2]

사람들에게 늘상 모든 것을 알릴 필요는 없습니다. 만약 제가 어떤 환자의 혈압을 재어 160이 나왔다고 합시다. 환자에게 곧 이곧대로 말했다가는 환자가 덜컥 겁을 먹는 바람에 혈압이 160에 머무는 게 아니라 180으로 치솟을 겁니다. 하지만 근심스럽게 묻는 환자에게 혈압이 정상이라 말해주면 걱정할 게 사라진 환자는 안도할 것이고, 혈압은 정말로 140이 될 것입니다.

의미 상실감의 이야기로 돌아갑시다. 어떻게 오늘날의 집단신경증에 '책을 치유 수단으로' 적용할 수 있을까요? 특히 당장 당면한 시대병의 세 가지 심각한 면모인 일요신경증, 은퇴 후의 위기, 실업신경증에 대해서요.

주중의 활동이 중단된 일요일에 사람들은 의미 상실감을 더욱 뼈저리게 각성합니다. 그 결과 일요신경증이라 불리는 전형적인 우울 증상이 나타나지요. 알렌스바흐의 인구조사 기관에 따르면, 1952년에는 주민들 중 26퍼센트가 일요일이면 시간이 너무 느리게 간다고 느꼈고, 오늘날에는 그 수치가 37퍼센트로 올라갔습니다.

은퇴 후의 위기도 비슷합니다. 직업 외에는 삶의 의미를 몰랐던 사람들이 갑작스럽게 직업상의 의무에서 풀려나 공허에 직면

---

2) 빈의 시장학청 학교심리학자는 스위스 어느 칸톤에서 시행된 실험에 대해 보고했다. 어느 칸톤에서 언론들은 한 해 동안 자살 보도를 하지 않기로 합의했다. 칸톤의 자살 사례는 10분의 1로 줄어들었다. 〈Die Presse〉, 14 - 15. II. 1981, 5쪽

하여 육체적, 정신적으로 허물어집니다. 거꾸로 생각하면 나이 들어서 육체적뿐 아니라 정신적으로도 건강을 유지할 경우 육체적인 노쇠 또한 늦출 수 있습니다. 그때 책은 치유 수단이기만 한 것이 아니라 예방 수단으로도 기능합니다. 제가 본 사람들 중 책상 위에 책이 가장 많이 쌓여 있던 사람은 슈타인호프 병원장인 베르체 교수였는데, 그는 91세로 작고할 때까지 정신적인 생기와 활동력을 잃지 않았습니다.

실업신경증과 관련된 증세를 저는 이미 1933년 〈사회의학 보도Sozialarztli che Rundschau〉에 발표한 적이 있습니다. 노동청 주도의 '위기의 젊은이'의 캠페인 일에 참여하면서 얻은 경험을 바탕으로 한 것이지요. 그때 제가 알게 된 것은 젊은이들의 곤경이 경제적인 이유뿐 아니라 정신적인 원인도 갖고 있다는 것이었습니다. 일을 할 수 없는 사람들에게는 삶이 의미 없게 느껴집니다. 스스로가 쓸모없이 여겨지는 겁니다. 정말로 사람들을 짓누르는 것은 실업 자체가 아니라 의미 상실감입니다. 사람은 실업 급여만으로는 살아갈 수 없습니다.

30년대와 달리 오늘날의 경제 위기는 에너지 위기에서 기인합니다. 에너지 자원이 무한하지 않다는 사실은 우리를 패닉으로 몰고 갔습니다. 제가 드리려는 말씀이 실없는 소리로 들리지 않았으면 좋겠습니다. 저는 에너지 위기와 그로 인한 경제 성장 둔화가 그동안 좌절됐던 의미를 찾는 의지에 절호의 기회라고 생각합니다. 우리는 스스로를 돌이키고 의미를 부여할 기회를 얻었습니다.

잉여 생산물이 넘치는 사회에서는 대부분의 사람들이 충분히 생계 수단을 지니고 있었습니다. 하지만 무엇을 위해 살지 아는 사람은 적었습니다. 이제는 초점을 삶의 수단에서 삶의 목적으로, 삶의 의미로 옮길 시간입니다. 에너지원과 달리 의미는 무한합니다. 그리고 사람들이 의미를 찾아 움직이도록 거대한 촉매 반응을 일으키는데 책만큼 적합한 것도 없습니다. 경제 공황의 시대에 정신적으로라도 살아남기 위해 필요한 것이 무엇인지 사람들은 본능적으로 압니다. 현재 대량 실업 사태가 벌어지는 나라들에서는 이전 어느 때보다도 많은 책이 팔리고 읽힌다고 합니다.

게다가 사람들이 수동적으로 접할 수밖에 없는 일반 대중 매체와 달리 책은 선택적으로 수용하는 것이 가능합니다. 라디오나 텔레비전을 다루듯 책을 켜고 끌 수는 없습니다. 책은 우선 선택해야 합니다. 사거나 적어도 빌려야지요. 펼쳐서 읽고 중간중간 멈추어 곱씹어야 합니다. 날로 비인간화되는 직업 세계에서 사람들은 섬 하나를 휴식처로 쌓아올려야 합니다. 이 섬에서 사람들은 여가를 즐길 뿐 아니라 스스로를 돌이켜봅니다. 책과 대화하며 자신에 대해 연구하고 관찰하면서 자아를 정립할 수 있는 것이죠.

즉 여가 시간의 독서는 사람들이 자기 자신으로부터, 스스로의 공허로부터 도망치는 것을 돕기만 하는 게 아니라 사람들이

'자기 자신을 찾아내도록' 해줍니다. 한마디로 책을 통해 원심적이 아닌 구심적인 여가를 보낼 수 있지요. 책은 우리를 '성공의 압박'으로부터 해방시켜 '명상하는 삶'으로 돌려보내줍니다. 설사 일시적일 뿐이더라도요.

그렇다면 도서 산업의 사명과 책임은 무엇일까요? 오늘날 사람들의 좌절한 의미 의지를 적어도 자각은 시켜주는 것입니다. 만약 우리가 독자들은 이런저런 주제의 책을 읽기에는 너무 수준이 낮다고 여긴다면 독자는 계속 어리석은 수준에 머물 뿐더러 우리의 그 선입견 때문에 어리석어지기까지 합니다. 정신과 의사에게서 당신은 백치라는 소리를 듣는 바람에 백치가 된 사람들도 있습니다. 죄송하게도 저는 웅변 연습을 하는 고등학생처럼 괴테를 인용하면서 이 강연을 마무리 지어야겠습니다.

"지금 내 앞에 있는 사람을 단점이 보이는 대로만 받아들이면 그 사람은 더 좋아질 수 없다. 하지만 미래에 발전된 모습이 되어야 하는 존재로 여기고 대해주면 그 사람은 그리 된다."